AF185720

Dirk Baecker

Intelligenz, künstlich und komplex

Merve Verlag

Originalausgabe

Redaktorat: Tom Lamberty, Max Seeth

© 2019 Merve Verlag Leipzig

Printed in Germany

Druck- und Bindearbeiten: druckhaus köthen

Umschlagentwurf: Jochen Stankowski, Dresden

ISBN 978-3-96273-035-2

www.merve.de

INHALT

VORWORT

Kant hatte einen Verdacht. Die Bedingungen der Möglichkeit von Vernunft, Verstand und Urteilskraft sind transzendental. Sie liegen Vernunft, Verstand und Urteilskraft voraus. Sie müssen »a priori« bereits gegeben sein, damit Akte der Vernunft, des Verstandes und der Urteilskraft möglich sind. Fichte sprach von einem »Licht«, dessen Bild, eine Einsicht, wir unser Bewusstsein nennen. Und Hegel erfand die Dialektik neu, um in der immanenten Entwicklung des Begriffs, das ihm Unerreichbare, das Absolute, denken zu können. Im Begriff der »Reflexion« hielt die Philosophie des Deutschen Idealismus fest, dass das Innen/Außen-Verhältnis bewusster Leistungen des Geistes weiterer Klärung bedurfte.[1] Die weitere Entwicklung setzte die Gesellschaft, die Arbeit, das Unbewusste, die Sprache, die Kunst, das Leben und die Kultur an die Stelle des Apriori. Edmund Husserl entdeckte die eigene nicht mehr a priori gegebene Zeitlichkeit des Bewusstseins als Bedingung dafür, dass ein Denken als ein Denken *von etwas* möglich ist. Ernst Cassirer notierte im Begriff der symbolischen Form den »Brechungsindex«, der auf je verschiedene Art und Weise (Sprache, Mythos, Wissenschaft) Erkenntnis

---

[1] Siehe Lothar Eley, *Fichte, Schelling, Hegel: Operative Denkwege im »Deutschen Idealismus«*, Neuried 1995; Gerhard Gamm, *Der Deutsche Idealismus: Eine Einführung in die Philosophie von Fichte, Hegel und Schelling*, Stuttgart 1997.

und Gegenstand verschaltet und vernetzt. Und Maurice Merleau-Ponty beschrieb erstmals die Differenz des Körpers als die Voraussetzung dafür, dass das Bewusstsein sich nicht mit der Welt verwechselt.

Heute ist man nur wenige Schritte weiter. Die Neurowissenschaften haben mit der Erforschung des Gehirns das Rätsel bewusster Leistungen eher vertieft als geklärt. Kein Bewusstsein weiß, wie ihm im eigenen Gehirn geschieht. Das Bewusstsein löscht, so brachte Niklas Luhmann das Rätsel auf den Punkt, Informationen über den Ort, an dem die Wahrnehmung tatsächlich stattfindet[2]. Erst mit der Konkurrenz, die der menschlichen Intelligenz durch die künstliche erwächst, beginnt man, den Sachverhalt kognitiver Leistungen mit jenem kritischen Ernst zu erforschen, der für Kant so typisch war. War es zunächst die Kränkung, die dem menschlichen Geist zu widerfahren scheint, seit die maschinelle Intelligenz ihn in bestimmten Hinsichten zu übertreffen vermag, so ist man inzwischen so weit, die unterschiedliche Typik menschlicher und künstlicher Intelligenz in das Zentrum der Aufmerksamkeit zu rücken. Noch in den 1960er und 1970er Jahren, bei Herbert A. Simon zum Beispiel, galt die Symbolverarbeitung, verstanden als Inbegriff logischen Denkens, als Maßstab sowohl der menschlichen als auch der künstlichen Intelligenz. Die jüngeren Verfahren der künstlichen Intelligenz haben mit Symbolverarbeitung weder im logischen noch

---

2 Niklas Luhmann, *Die Kunst der Gesellschaft*, Frankfurt am Main 1995, S. 14.

gar im Cassirer'schen Sinne (Einheit der Differenz von Sinn und Sinnen) nichts zu tun. Die Vertreter der Entwicklung von Verfahren maschinellen Lernens weigern sich zurecht, von »künstlicher Intelligenz« zu reden. Stattdessen geht es um den Abgleich konkreter Aufgabenstellungen mit einer statistischen Erfassung großer Datenmengen. Zwar könnte man auf die Idee kommen, dass dies von der menschlichen Intelligenz nicht allzu weit entfernt ist, da auch diese vor allem darauf beruht, Information daraufhin abzugleichen, welchen bereits erfahrenen Mustern sie entspricht oder nicht entspricht, aber gottlob widerspricht diese Erkenntnis der Selbsteinschätzung des Menschen so sehr, dass sie kaum eine Chance hat durchzudringen.

Wichtiger ist, dass der Begriff der Intelligenz neu überprüft wird. Wenn menschliche und künstliche Intelligenz sich unterscheiden, kann man nach ihrer Differenz und nach der Einheit der Differenz fragen. Letzteres böte eine Möglichkeit, Intelligenz zu definieren. Tatsächlich gibt es genügend Angebote. Die Kybernetik spricht mit W. Ross Ashby von der Fähigkeit, »angemessene« Lösungen für Probleme zu finden. Herbert A. Simon hat bei seiner Auseinandersetzung mit symbolverarbeitenden Maschinen herausgefunden, dass eine notwendige, vielleicht auch hinreichende Bedingung für Intelligenz darin besteht, Suchräume zu bestimmen und weiter zu unterteilen, in denen nach Lösungen gesucht werden kann. Außerhalb der Suchräume (»out of the box«) zu suchen, ist dann entweder besonders dumm oder besonders klug. Für Jean

Piaget war Intelligenz mit der Fähigkeit zur »Akkomodation« verknüpft, das heißt mit der Fähigkeit, Welt und Denken einander bequem zu machen. Das schließt unbequeme Formen des Nachdenkens nicht aus, da man es sich ja auch in diesen, wie wir wissen, bequem machen kann.

Nirgendwo anders liegt die Versuchung, tautologisch zu definieren, so nahe wie im Fall der Intelligenz. Schon der Intelligenzquotient misst Intelligenz als Abweichung nach oben oder nach unten von durchschnittlichen Leistungen der Intelligenz, mit der Folge, dass der Intelligenzquotient nur dann aussagefähig ist, wenn die Leistung, die man messen will, zunächst in einer passenden Auswahl, einem passenden Sample, bestimmt worden ist. Nur dann verzerren kulturelle, regionale, professionelle und sonstige Differenzen nicht das Bild.

Intelligenz ist, was Intelligenz leistet. Die Tautologie sollte nicht schrecken. Gregory Bateson hat sie als robusten Ausgangspunkt jeder Suche nach weiterer Erkenntnis gewürdigt.[3] Entscheidend für eine wissenschaftliche Erkenntnis ist die Frage, ob und wie es gelingt, eine Tautologie zu entfalten. Wollte man pathetisch formulieren, könnte man sagen, dass die Tautologie durch ihre eigene Leere so sehr erschreckt wird, dass sie nach Hinweisen, Anlässen, Vorbedingungen, Voraussetzungen sucht, die sie zu füllen oder zumindest in ihrem scheinbar leeren Kreisen anzureichern erlauben. Das wusste auch der

---

[3] Gregory Bateson, *Geist und Natur: Eine notwendige Einheit*, Frankfurt am Main 1982, S. 64 und 106f.

Deutsche Idealismus, der das Ich als im Wesentlichen leer setzte, um es erst so der Welt aussetzen und mit der Welt in einen Bezug setzen zu können. Die dafür notwendige Denkfigur war das monadisch leere christliche Ich, das nur Gott in seiner Gnade füllen konnte.

Der Vergleich menschlicher mit künstlicher Intelligenz hat jedoch eine weitere Konsequenz. Je genauer man versteht, worum es sich bei künstlicher Intelligenz handelt und nicht handelt, desto unklarer wird der vermeintliche Gegenbegriff. Je mehr Leistungen von der künstlichen Intelligenz erbracht werden, desto nicht nur detaillierter wird der Blick auf die menschliche Intelligenz, sondern desto unklarer wird zugleich, wonach man fragt. Fragt man nach der Intelligenz des Gehirns, Muster zu erkennen und Voraussagen zu treffen? Fragt man nach der Intelligenz des Organismus, sich hochgradig irritabel dennoch in einem homöostatischen Gleichgewicht zu halten, also die Auseinandersetzung mit der äußeren Umwelt im Modus einer Auseinandersetzung mit der inneren, der eigenen Umwelt zu führen? Fragt man nach einer mentalen oder bewussten Intelligenz, die darin besteht, zögern zu können, Sinn offen halten zu können, überhaupt etwas nicht nur hinnehmen, sondern für sinnvoll oder sinnlos halten zu können? Fragt man nach der emotionalen Intelligenz der Bewertung eines Sachverhalts, die zwar nicht auf Erfahrung, aber auf Überprüfung und damit auf Misstrauen verzichtet oder umgekehrt es beim Misstrauen bewenden lässt? Oder fragt man nach einer sozialen Intelligenz, die darin besteht, mit der Freiheit des Gegenübers und dann auch mit der eigenen Freiheit kreativ und produktiv umgehen zu können? Worin besteht bei all diesen verschiedenen Typen von Intelligenz die Einheit einer »menschlichen« Intelligenz?

Die folgenden Aufsätze plädieren dafür, nicht nur bis eins zu zählen. Kant setzte letztlich auf die Einheit der Vernunft, die sich selbst zu helfen scheint und das Ding an sich auf sich beruhen lässt. Die Neurowissenschaften versuchen, den Menschen aus dem Gehirn heraus zu erklären, die Psychologie verweist auf die Psyche, die Philosophie begnügt sich mit dem Bewusstsein und die Soziologie mit der Gesellschaft. Die Informatik hegt die mehr oder minder leise Hoffnung, demnächst jede kognitive Leistung operativ nachbauen zu können. Ich werbe dafür, es bei der Differenz der verschiedenen Typen von Intelligenz zu belassen und dafür zu nutzen, Kants transzendentales Verfahren durch das empirische Verfahren einer Beschreibung der Auseinandersetzung der verschiedenen Typen von Intelligenz miteinander zu ersetzen. Kein Bewusstsein ohne ein Gehirn, keine Gesellschaft ohne ein begleitendes Bewusstsein, kein Organismus ohne Emotionen, ohne dass das eine auf das andere reduziert werden können. Als Produkt einer in jeder Hinsicht bewundernswerten Koevolution setzen sich diese Träger einer je eigenen Intelligenz wechselseitig voraus. Wir können diese Träger »Systeme« nennen, weil damit begrifflich auf den Punkt gebracht ist, dass die Umwelt eine konstitutive

Rolle spielt, ohne kausal verursachen oder garantieren zu können, was sich als System ausdifferenziert und reproduziert. Systeme in der Umwelt von Systemen, die ihre je eigene Umwelt haben – das ist unsere Ausgangsformel für Kants Verdacht und unsere Suche nach einem Verständnis von Intelligenz. Geht man dem in der Forschung weiter nach, kann man vermuten, dass die Intelligenz dieser organischen, neuronalen, mentalen, sozialen und technischen Systeme – ganz zu schweigen von präbiotischer, biotischer, genetischer, hormoneller und emotionaler Intelligenz – darin besteht, sich ihre Komplexität wechselseitig zur Verfügung zu stellen. Unter Komplexität verstehe ich dabei die Einheit der Differenz von System und Umwelt, also die empirische Auflösung des transzendentalen Rätsels selbst. Noch einmal etwas pathetisch formuliert könnte man sagen, dass diese Systeme mit ihrem Leben, ihrem Denken, ihrem Bewusstsein, ihrer Kommunikation und ihren Algorithmen sich wechselseitig ihre Ergänzungsbedürftigkeit, die Offenheit ihrer Geschlossenheit, zur Verfügung stellen. Halt finden sie nur aneinander, so wenig dieser Halt genügt, um ihre Leistungen zu begründen.

Die folgenden Aufsätze gehen nicht davon aus, dass sich die verschiedenen Formen von Intelligenz hierarchisch ordnen lassen, etwa im Sinne jener »Stufen des Organischen«, von denen Helmuth Plessner sprach, so hilfreich es ist, mit Martin Heidegger den »weltlosen« Stein vom »weltarmen« Tier und dieses vom »weltbildenden«

Menschen zu unterscheiden.[4] Ich glaube nicht, dass Symmetriebrüche zwischen dem Anorganischen, Organischen, Psychischen, Sozialen und Kulturellen die Einheit der Welt oder auch nur die Einheit des Bildes, das sich die Wissenschaften von der Welt machen, organisieren.[5] Stattdessen arbeite ich mit einem radikal ökologischen Weltbild. Was immer sich als System ausdifferenziert und reproduziert, kann dies nur unter der Bedingung, dass es seine Nische in einer chaotisch strukturierten Welt findet. Kein Supersystem organisiert den Zusammenhang der Nischen untereinander. Es ist ein Kategorienfehler, von »Ökosystemen« zu reden. Darauf hat Niklas Luhmann bereits hingewiesen.[6] Stattdessen sollte man von »Ökokomplexen« reden, um die ihrerseits nicht organisierte Differenz von System und Umwelt zu unterstreichen. Nur dann bekommt man die Unwahrscheinlichkeit jeder Systembildung hinreichend präzise in den Blick. Jedes System

---

4   Siehe Martin Heidegger, *Die Grundbegriffe der Metaphysik: Welt – Endlichkeit – Einsamkeit*, Frankfurt am Main 1983, §§42ff.; und vgl. Helmuth Plessner, *Die Stufen des Organischen und der Mensch: Einleitung in die philosophische Anthropologie*, Berlin 1965. Siehe auch Giorgio Agamben, *Das Offene: Der Mensch und das Tier*, Frankfurt am Main 2003, und viel jüngere Literatur zur Intelligenz der Pflanzen, insbesondere, wenn auch ohne Rücksicht auf die Theoriefigur der operationalen Schließung, Emanuele Coccia, *Die Wurzeln der Welt: Eine Philosophie der Pflanzen*, München, 2018.

5   So jedoch Philip W. Anderson, »More is Different: Broken Symmetry and the Nature of the Hierarchical Structure of Science«, in: *Science* 177, Nr. 4047 (1972), S. 393-396.

6   Niklas Luhmann, *Soziale Systeme: Grundriß einer allgemeinen Theorie*, Frankfurt am Main 1984, S. 55, Anm. 52.

steht in einem »parasitären« (Michel Serres) Verhältnis zu seiner Umwelt und zu allem, was es in dieser Umwelt vorfindet, inklusive ihrerseits ausdifferenzierter und sich reproduzierender anderer Systeme. Nichts außer ihrer bisherigen Koevolution garantiert den Zusammenhalt der Systeme. Das Verhältnis der Intelligenz dieser Systeme zueinander ist »orthogonal«, das heißt es lässt sich weder kausal noch emergent oder reduktionistisch voneinander ableiten.

Dresden, im Juni 2019

I

Eine der Eigentümlichkeiten der jüngeren Bemühungen um eine auf den Verfahren des Maschinenlernens beruhende künstliche Intelligenz liegt darin, dass die Vorhersagekraft der Algorithmen, die von den Maschinen erlernt werden, mit der Menge der Daten steigt, die den Maschinen zur Verfügung stehen. Mit der Vorauswahl dieser Daten aus einer bestimmten Domäne des Wissens kommt zwar ein einschränkender Faktor hinzu, doch ändert das nichts daran, dass die Vorhersagen umso verlässlicher sind, je größer das Volumen der Daten ist. An dieser Beobachtung ist nichts eigentümlich, solange man sich an die Grundgesetze der Statistik hält. Jedes einzelne Ereignis ist unvorhersehbarer als die Menge vieler Ereignisse, die einer bestimmbaren Wahrscheinlichkeit folgen. Doch in dem Moment, in dem man einen Schritt zurück tritt und aus der großen Menge der Ereignisse die Schlussfolgerung zieht, dass mit der Menge der Ereignisse auch die Menge der Möglichkeiten steigt und somit jede Vorhersage ungewisser wird, wird deutlich, dass das Gesetz der großen Zahl eine Information enthält, die in der bloßen Relation zwischen Datenvolumen und Vorhersage noch nicht abgebildet ist. Wie kann es sein, dass mit der Ungewissheit jedes einzelnen Ereignisses die Sicherheit der

Vorhersage steigt und nicht fällt? Wer oder was ist für die Einschränkung der Möglichkeiten im Kontext von Ungewissheit verantwortlich?

Die Fragestellung enthält bereits einen möglichen Teil der Antwort. Es könnte sein, dass die Ungewissheit selbst eine Rolle bei der Produktion von Gewissheit spielt. Das heißt jedoch, dass wir uns von der hier auftretenden Paradoxie nicht stören lassen dürfen, sondern diese Paradoxie selbst für einen Hinweis auf die Sache halten müssen, nach der wir eigentlich fragen. Die Ungewissheit, so können wir sagen, produziert die Notwendigkeit einer Einschränkung. Diese Einschränkung liegt nicht im Algorithmus, der die Vorhersagen trifft, sondern in den Daten, die sich zur Vorhersehbarkeit ordnen, je vielfältiger und größer der Möglichkeitenraum ist, aus dem sie gewonnen werden. Was also ordnet die Daten zur Vorhersehbarkeit?

Die Antwort der Systemtheorie auf diese Frage ist bekannt. Ereignisse und damit auch die Daten, die sie darstellen, ordnen sich durch Systeme zu genau der Art von Vorhersehbarkeit, die das einzelne Ereignis, so ungewiss es ist, mit einer mit der Menge der Daten größer werdenden Wahrscheinlichkeit vorhersagbar macht. Systeme sind das Ergebnis einer Selbstorganisation, die durch die Komplexität des Ereignisraums zugleich unwahrscheinlicher und wahrscheinlicher wird. Mit Warren Weaver spricht man von einer organisierten Komplexität.[7] Nicht

---

[7]   Warren Weaver, »Science and Complexity«, in: *American Scientist* 36, 4 (1948), S. 536-544.

der Algorithmus ordnet die Daten zur Vorhersehbarkeit, sondern die Ereignisse, von denen die Daten mehr oder minder zuverlässig künden, ordnen sich selbst.

II

Die prädiktiven Algorithmen der künstlichen Intelligenz vom Typ des Maschinenlernens ordnen Daten gemäß statistisch beschreibbaren Abhängigkeiten zwischen bestimmten Typen von Ereignissen.[8] Bekannt ist die These, dass jede Theorie zur Erklärung der Ereignisse nicht nur überflüssig ist, wenn man aufgrund ihrer Korrelation Daten vorhersagen kann, sondern auch hinderlich wird, weil sie den unvoreingenommenen Blick auf die Daten durch Vorannahmen einschränkt.[9] Aber mit dieser These wird übersehen, dass den Algorithmen der künstlichen Intel-

---

[8] Die künstliche Intelligenz vom Typ des Maschinenlernens (Pedro Domingos, *The Master Algorithm: How the Quest for the Ultimate Learning Machine Will Remake Our World*, New York 2015) ist von früheren Bemühungen um künstliche Intelligenz zu unterscheiden, die auf Verfahren der Symbolverarbeitung zurückgingen (Allen Newell und Herbert A. Simon, »Computer Science as Empirical Inquiry: Symbols and Search«, in: *Communications of the ACM* 19 (1976), S. 113-126). Maschinenlernen beruht auf zur Selbstkorrektur fähigen Gewichtungen der Einschätzung von Abhängigkeiten zwischen Wahrscheinlichkeiten, Symbolverarbeitung auf der Annahme, logische Schlussverfahren auf Maschinen abbilden und zur Problemlösung verwenden zu können.

[9] So Chris Anderson, »The End of Theory: The Data Deluge Makes the Scientific Method Obsolete«, in: *Wired Magazine*, 23. Juni, 2008.

ligenz bestimmte Theorien über bestimmte Abhängigkeiten zwischen Ereignissen – und nicht nur Daten – bereits zugrunde liegen. Alex Pentland hat die Heuristiken beschrieben, die das Verhalten von Menschen mit einer bestimmten Wahrscheinlichkeit vorherzusagen erlauben, wenn man (a) das materielle und soziale Umfeld kennt, in dem sie sich bewegen, (b) ihr vorheriges Verhalten kennt und (c) eine Vorstellung davon hat, an welchen Zielen inklusive der Bemühung um Belohnung und Vermeidung von Bestrafung sich dieses Verhalten orientiert.[10] Diese Heuristiken stehen im Einklang sowohl mit soziologischen und anthropologischen Einsichten in das Verhalten von Menschen im Kontext rivalisierender Imitation[11] als auch mit ökonomischen Modellen zur Beschreibung von Optimierungsverhalten im Kontext von sozialer Interaktion und abrufbaren Kompetenzen.[12]

Vielfach glaubt man, dass den Menschen eine weitere Kränkung widerfährt, wenn man ihr Verhalten, Handeln und Erleben auf eine Maximierung bestimmter Zielvorstel-

---

[10] Siehe Alex Pentland, *Social Physics: How Good Ideas Spread – The Lessons from a New Science*, New York, NY 2014; ders., »The Human Strategy«, in: John Brockman (Hg.), *Possible Minds: Twenty-Five Ways of Looking at AI*, New York, NY 2019, S. 194-205.

[11] Siehe Gabriel Tarde, *Die Gesetze der Nachahmung*, Frankfurt am Main 2009; René Girard, *Das Heilige und die Gewalt*, Zürich 1987.

[12] Im Sinne von Gary S. Becker, »A Theory of Social Interactions«, in: *Journal of Political Economy* 82 (1974), S. 1063-1093; und vgl. Dirk Baecker, »Artificial Paradise Revisited«, in: Stephan Jansen, Eckhard Schröter und Nico Stehr (Hg.), *Stabile Fragilität – fragile Stabilität*, Wiesbaden 2013, S. 25-39.

lungen im Kontext von Vergangenheit, also Pfadabhängigkeit, und Umfeld, also Orientierung, reduziert.[13] Wo bleibt die Freiheit der Selbstbestimmung, wenn ein Mensch nichts anderes tut, als sein Umfeld zu erkunden und seine Chancen zu nutzen? Wird er dadurch nicht zur Ratte im Labyrinth? Man sollte diese Frage nicht zu schnell mit Ja oder Nein beantworten. Denn möglicherweise kommt man der Würde und Freiheit des Menschen nur auf die Spur, wenn man eine Vorstellung davon hat, in welchem Umfeld er sich bewegt und welche Chancen er nutzt. An diesem Punkt unserer Überlegungen kommt erneut der Faktor Ungewissheit ins Spiel. Je reicher das Feld der Möglichkeiten ist, in dem sich der Mensch bewegt, und je ungewisser der Erfolg ist, der bestimmten Absichten beschieden ist, desto intelligenter ist ein Verhalten, das aus dem Rückgriff auf Vergangenheit, also Erfahrung, und Umfeld, also Konkurrenz und Kooperation, eine gewisse Sicherheit gewinnt. Das gilt nicht zuletzt dann, wenn diese beiden Faktoren

---

[13] In der Soziologie unterscheidet man praktisches, unter Umständen nicht interpretiertes Verhalten von sinnhaftem, auf Beobachter bezogenem Handeln und sinnhaftem, auf Selbstbeobachtung bezogenem Erleben. Diese Trinität von Bezugspunkten stattet jede konkrete Handlung mit jener basalen Komplexität aus, die schon deswegen mit »Freiheit« und »Notwendigkeit« assoziiert wird, weil die Möglichkeit der Selektion mit dem Zwang zur Selektion hier Hand in Hand geht. Vgl. Alfred Schütz, *Der sinnhafte Aufbau der sozialen Welt: Eine Einleitung in die verstehende Soziologie*, Frankfurt am Main 1974. Talcott Parsons und Edward A. Shils (Hg.), *Toward a General Theory of Action*, Cambridge, MA 1951; Luhmann, *Soziale Systeme*, a.a.O. Vom »Zwang zur Autonomie« schreibt Luhmann, ebd., S. 28.

der Orientierung an Vergangenheit und Umfeld zusammen mit der Orientierung an bestimmten Zielen, also an einer noch ungewissen Zukunft, dazu genutzt werden, die jeweiligen Abhängigkeiten zu lockern und sich von einer Vergangenheit zu lösen, weil die Gegenwart neue Chancen bietet, beziehungsweise zu bestimmten Umfeldern auf Distanz zu gehen, weil dort weder ein Verständnis für bestimmte Ziele noch eine Unterstützung für bestimmte Mittel, um diese Ziele zu erreichen, zu finden ist.

Die einfache, das menschliche Verhalten, Handeln und Erleben, scheinbar reduzierende Heuristik einer Orientierung an Vergangenheit, Umfeld und Zielen steht nicht nur im Kontext einer nahezu nach Belieben steigerbaren Komplexität, sondern ist selbst die Voraussetzung des Gewinns einer Variabilität von Verhalten, Handeln und Erleben, die nichts anderes ist als die operationale Voraussetzung der Möglichkeit, von Freiheit und Würde sprechen zu können.

III

Der Zugriff der künstlichen Intelligenz des Maschinenlernens auf große Mengen an Daten setzt voraus, dass diesen Daten Ereignisse zugrunde liegen, über deren Abhängigkeit voneinander die Algorithmen der künstlichen Intelligenz Annahmen treffen. Diese Ereignisse, ich wiederhole diesen Punkt, werden nicht vom Algorithmus, sondern von den beteiligten Akteuren, seien sie menschlich oder künstlich, produziert. Die Ordnung der Algorithmen bezieht sich auf eine Ordnung, die ihnen vorausliegt und die ihrerseits durch die Ergebnisse der Arbeit der Algorithmen, das heißt durch die getroffenen Vorhersagen, beeinflusst wird. Die Abhängigkeit, in die sich das Verhalten, Handeln und Erleben von Menschen gegenüber den Ergebnissen von Algorithmen begibt, ist selbst Teil der Vergangenheit und des Umfelds, möglicherweise sogar der Zielvorstellungen, an denen sich die nächsten Selektionen möglichen Verhaltens, Handelns und Erlebens orientieren. Der Zugriff auf die Daten produziert verhaltensrelevante Ereignisse. Eben das darf dann »Digitalisierung« heißen: die rekursive Veränderung der Frequenzen möglichen Verhaltens durch die von Algorithmen produzierten Erkenntnisse über diese Frequenzen, insoweit sie in das Verhalten sei es der originären Akteure, sei es der sie überwachenden Akteure eingespielt werden.

Die Algorithmen der künstlichen, auf Maschinenlernen beruhenden Intelligenz lassen sich demnach sowohl in Richtung der Datenverarbeitung als auch in Richtung der verwendeten Modelle und Heuristiken lesen. Mich interessieren hier und im Folgenden die Heuristiken und Modelle. Meine Annahme ist, dass die Konzentration auf statistische Korrelationen es nicht überflüssig macht, nach zugrunde liegenden Systemdynamiken zu fragen. So wichtig das Korrektiv der Entdeckung von Korrelationen ist, die durch keine Theorie vorhergesagt werden, so wichtig ist die Entwicklung oder das Nachjustieren von Theorien, die diese Korrelationen erklären oder auch nur beschreiben können. Die Erfolge der künstlichen Intelligenz dürfen nicht dazu führen, dass man die Absicht, eine wissenschaftlich überprüfbare und philosophisch reflektierte Übersicht über die Phänomene unserer Welt zu gewinnen, aufgibt.[14]

Die Theorie liefert Metadaten, die in einer gewissen Konkurrenz zu den Metadaten der Statistik daran arbeiten, Zusammenhänge vorstellbar und überprüfbar zu machen.[15] Unser Ausgangspunkt ist die Annahme, dass es Systeme gibt, die das Problem der Ungewissheit von Weltzuständen durch die Einschränkung möglicher Weltzustände sowohl reduzieren als auch reproduzieren. Denn jede Einschränkung löst das Problem der Notwendigkeit einer Selektion zugunsten der Entstehung eines neuen Problems der Entdeckung einer möglichen Unbrauchbarkeit dieser Selektion. Systeme benötigen daher einen Index der Selbstgefährdung, um sich erfolgreich ausdifferenzieren und reproduzieren zu können. Diesen Index finden sie in der Grenze, die sie prekär von ihrer Umwelt unterscheidet, und reflektieren sie in zeitlichen Vorstellun-

---

[14] »Übersicht« im Sinne Ludwig Wittgensteins zielt darauf, Sprachspiele variieren zu können, die es erlauben, die »Grammatik« der Beschreibung von Phänomenen im »logischen Raum« dieser Beschreibung bestimmen zu können. Siehe Joachim Schulte, *Wittgenstein: Eine Einführung*, Stuttgart: 1989, S. 108f.

[15] Siehe Dirk Baecker, »Metadaten: Ein Annäherung an Big Data«, in: Heinrich Geiselberger und Tobias Moorstedt (Hg.), *Big Data – Das neue Versprechen der Allwissenheit*, Berlin 2013, S. 156-186.

gen zum Gewinn möglicher Anschlussereignisse an aktuell selegierte oder auch vermiedene Ereignisse.

An die Stelle der Vorstellung einer künstlichen Intelligenz, die sich in einem unbestimmten Ereignisraum bewegt, setzen wir die Vorstellung einer Vielzahl von Systemen, die diesen Ereignisraum dadurch strukturieren, dass sie sich selbst in ihm bewegen und Ereignisse produzieren, die sich als Daten auslesen lassen. Wir zählen nicht nur bis eins, nämlich bis zum technischen System der lernenden Maschine, sondern bis fünf oder sechs, um menschliches Verhalten, Handeln und Erleben ordnen, und bis unendlich, um es in allen seinen Einzelfällen zählen zu können.[16]

IV

Die verschiedenen Wissenschaften, mit denen wir es im Umkreis der Bestimmung und Beschreibung menschlichen Verhaltens, Handelns und Erlebens zu tun habe, sind allesamt dadurch stark geworden, dass sie maximal

---

[16] Dass das Einzelne in einem unauflösbaren Spannungsverhältnis sowohl zum Allgemeinen als auch zum Besonderen steht, beschäftigt die Philosophie, Logik und Systemtheorie seit Aristoteles, Nikolaus von Kues, Hegel und Ludwig von Bertalanffy; siehe Klaus Heinrich, *tertium datur. Eine religionsphilosophische Einführung in die Logik*, Basel 1987; und vgl. Dirk Baecker, »A Note on Ludwig von Bertalanffy and the Form Problem of Life«, in: *Systems Research and Behavioral Science* 36, 1 (2019), S. 1-10.

»bis eins« zählen und unter zwei, drei und vier allenfalls die Konkurrenz alternativer Modelle zählen, die nach Möglichkeit auf das eigene Modell reduziert werden können sollten. Für die Biologie zählen nur Organismen, für die Neurowissenschaften nur das Gehirn, für die Psychologie nur das Bewusstsein, für die Soziologie nur die Gesellschaft und für die Informatik nur die Maschine. Die interessantesten Theoreme entwickeln diese Wissenschaften zwar immer dann, wenn sie an den Grenzen ihrer Phänomene und Problemstellungen auf Voraussetzungen stoßen, die außerhalb der Phänomene und Problemstellungen liegen, doch führt dies allenfalls dazu, die Problemstellung der Ausdifferenzierung und Reproduktion der Phänomene zu schärfen, jedoch nicht dazu, die Phänomene und Problemstellungen aufeinander zu beziehen. Dazu hätte man einen »logischen Raum«[17] der Verschaltung von Kontexturen benötigt, der in der philosophischen Reflexion der Kybernetik von Gotthard Günther unter dem Namen der Polykontexturalität zwar vorgeschlagen wurde,[18] jedoch als Programm zur Erforschung materieller Kontexturen in ihren wechselseitigen Abhängigkeiten bis heute ungenutzt geblieben ist.

---

[17] Ludwig Wittgenstein, *Tractatus logico-philosophicus*, Frankfurt am Main 1963, etwa Satz 3.42.

[18] Siehe Gotthard Günther, »Life as Poly-Contexturality«, in: Ders. *Beiträge zur Grundlegung einer operationsfähigen Dialektik*, Bd. 2, Hamburg 1979, S. 283-306; vgl. Kurt Klagenfurt, *Technologische Zivilisation und transklassische Logik: Eine Einführung in die Technikphilosophie Gotthard Günthers*, Frankfurt am Main 1995.

Zwar gibt es Supertheorien – Theorien, die auch sich selbst beschreiben und erklären – wie die Rhetorik, die Mathematik, die Hermeneutik, die Semiotik, die Kybernetik oder die Informatik, die Begrifflichkeiten bereitstellen, die sich in allen Fachwissenschaften einsetzen lassen, aber vielfach verlieren sich mögliche wechselseitige Anregungen auf Einbahnstraßen, ohne systematisch ausgewertet zu werden. Gegenwärtig pflegt nur die Systemtheorie ein Wissen um die Notwendigkeit, verschiedene Systemreferenzen aufeinander zu beziehen, um konkrete Ereignisse beschreiben und erklären zu können.

Ich beschränke mich im Folgenden auf menschliches Verhalten, Handeln und Erleben, rechne jedoch damit, dass sich die Einschränkung auf menschliche Akteure im weiteren Verlauf der Entwicklung künstlicher Intelligenz aufheben lässt und ein Begriff von Verhalten, Handeln und Erleben möglich wird, der auch Maschinen als mögliche Akteure registriert. So oder so ist ein Handlungsbegriff, der nur Menschen kennt und Götter, Geister, Tiere und Pflanzen ausschließt, allenfalls das Ergebnis einer humanistischen Selbstüberschätzung. Und so oder so wird die Systemtheorie im Umkreis einer Kybernetik formuliert, die mit ihren Grundbegriffen der Kommunikation und Kontrolle längst eine Begrifflichkeit bereitstellt, die sich auf jeglichen Systemtyp anwenden lässt, in dem Komplexität durch Selbstorganisation bearbeitet wird.[19]

---

[19] Norbert Wiener, *Cybernetics, or Control and Communication in the Animal and the Machine*, Cambridge, MA 1961.

V

Bis auf Weiteres zählen wir bis fünf oder sechs. Verhalten, Handeln und Erleben ist ein Produkt der Differenz und Synchronisation organischer, neuronaler, mentaler, sozialer, technischer und kultureller Systeme. Die ersten fünf Systemtypen sind durch umfangreiche Forschungsprogramme der Biologie, Neurowissenschaften, Psychologie, Soziologie und Informatik belegt;[20] die Existenz kultureller Systeme jedoch ist umstritten.[21]

Jedes dieser Systeme bewältigt Komplexität durch eine Selbstorganisation, die minimal in den beiden Dimensionen der Ausdifferenzierung aus und in einer Umwelt und der Reproduktion in der Zeit bestimmt ist. Je nachdem, wie man kulturelle Systeme etwa durch die Ausdifferenzierung und Reproduktion von Werten und Normen bestimmt, ist unklar, ob diese unabhängig von der Selbstorganisation sozialer Systeme, in denen Werte und Normen die von Talcott Parsons beschriebene Funktion der

---

[20] Siehe für einen Einstieg Francisco A. Varela, *Kognitionswissenschaft – Kognitionstechnik: Eine Skizze aktueller Perspektiven*, Frankfurt am Main 1990.

[21] Siehe zu Letzterem A. L. Kroeber und Talcott Parsons, »The Concepts of Culture and of Social System«, in: *American Sociological Review* 23, 5 (1958), S. 582-583; Dirk Baecker, »Kulturelle Orientierung«, in: Günter Burkart und Günter Runkel (Hg.), *Luhmann und die Kulturtheorie*, Frankfurt am Main 2004, S. 58-90.

Erhaltung latenter Muster spielen,[22] gedacht werden können. Das soll uns hier jedoch nicht beschäftigen.

Interessanter ist die Frage der Bestimmung des von Algorithmen der künstlichen Intelligenz erforschten Datenraums als Ereignisraum im Wechselspiel dieser fünf bis sechs Systeme. Bewusst spreche ich von Systemtypen, da es auf der Hand liegt, dass je nach Tiefenschärfe der Analyse organische, neuronale, mentale, soziale und technische Systeme vielfach in Subsysteme differenziert oder auch als Containerbegriffe für die Synchronisation eigener Systemtypen verstanden werden können. Hinzu kommt, dass Systemtypen auf der einen Seite von konkreten Systemen auf der anderen Seite unterschieden werden müssen, deren jeweiliger Modus der Ausdifferenzierung und Reproduktion zu hochgradig idiosynkratischen, singulären Ausprägungen und Verkörperungen dieser Systeme führen kann. Auf dieser anderen Seite zählen wir bis unendlich.[23]

Im Raum statistischer Wahrscheinlichkeiten kann man das eine vom anderen unterscheiden. Man kann Systemtypen beschreiben, die auf erwartbare Weise ein konkret unerwartetes Verhalten produzieren. Genau darauf beschränke ich mich hier. Und noch eine weitere Einschrän-

---

22 Siehe Parsons und Shils (Hg.), *Toward a General Theory of Action*, a.a.O., S. 147ff.

23 Genauer: Wir treffen unendliche Urteile im Sinne von Immanuel Kant, *Kritik der reinen Vernunft*, *Werke III–IV*, Frankfurt am Main 1968, B 97f., (vgl. Heinrich, *tertium datur*, a.a.O., S. 202ff.), die noch unbestimmte Möglichkeiten bejahen, indem sie bestimmte Möglichkeiten verneinen.

kung ist erforderlich. Zu jedem der genannten Systemtypen gibt es eine unübersehbare Literatur, die auch nicht ansatzweise von einem einzelnen Wissenschaftler oder auch nur einem einzigen Forschungsprojekt überschaut werden kann. Ich muss mich daher auf mehr oder minder zufällige, glücklich oder unglücklich gefundene Versatzstücke beziehen, wenn ich hier den Versuch mache, eine erste Vorstellung von der unterschiedlichen Systemtypik zu vermitteln. So oder so verstehe ich die hier vorgelegten Überlegungen als Modell oder Paradigma möglicher Forschungsprogramme, die in jedem einzelnen Fall von meinen Ausgangs- und Bezugspunkten abweichen werden.

Wichtig ist mir die Annahme der Inkommensurabilität der Systeme. Sie differieren nicht nur systematisch gegenüber ihrer Umwelt, wenn nicht sogar »emergent« gegenüber ihren eigenen Systemelementen,[24] sondern sie differieren auch untereinander auf eine Art und Weise, die es unmöglich macht, sie aufeinander zu reduzieren. Eben das verstehe ich unter »Komplexität«. Komplexe Phänomene sind solche, deren Konstitution und Konditionierung verschiedene Systeme zu ihrer Voraussetzung haben, die sich wechselseitig fordern, ohne aufeinander reduziert werden zu können.

---

[24] John von Neumann, »Probabilistic Logics and the Synthesis of Reliable Organisms from Unreliable Components«, in: Claude E Shannon und John McCarthy, (Hg.), *Automata Studies*, Princeton, NJ, 1956, S. 43-98.

Organische Systeme sind homöostatisch irritabel; sie halten eine interne Umwelt in der Auseinandersetzung mit einer externen Umwelt aufrecht, indem sie laufend Störungen abbauen.[25] Neuronale Systeme sind prädiktiv, indem sie Erwartungen durch Erfahrungen testen und durch Lernen korrigieren.[26] Mentale Systeme imaginieren, indem sie endliche Erfahrungen unendlich kontextuieren.[27] Soziale Systeme produzieren doppelte Kontingenz, indem sie für den Aufbau von Beziehungen der Abhängigkeit die Existenz unabhängiger Akteure fordern.[28] Technische Systeme rechnen, und dies tendenziell nicht-trivial.[29] Und kulturelle Systeme, wenn man denn von ihnen sprechen will, symbolisieren die Einheit des Sinns in der Vielfalt der Ereignisse.[30]

---

[25] So Walter B. Cannon, »Organization for Physiological Homeostasis«, in: *Physiological Reviews* 9, 3 (1929), S. 399-431.

[26] Chris Frith, *Making Up the Mind: How the Brain Creates Our Mental Worlds*, London 2007.

[27] Jacques Lacan, »Le stade du miroir comme formateur de la fonction du Je«, in: Ders., *Écrits*, Paris 1966, S. 89-97; und Georg Wilhelm Friedrich Hegel, *Wissenschaft der Logik: Die Lehre vom Sein*, Hamburg 1990, S. 136f.

[28] Luhmann, *Soziale Systeme*, a.a.O., S. 153ff.

[29] Frieder Nake, »Das algorithmische Zeichen«, in: Kurt Bauknecht, Wilfried Brauer und Thomas A. Mück (Hg.), *Wirtschaft und Wissenschaft in der Network Economy: Visionen und Wirklichkeit. Informatik 2001: Tagungsband der GI/OCG 2001*, Bd. II, Wien 2001, S. 736-742; Heinz von Foerster, »Prinzipien der Selbstorganisation im sozialen und betriebswirtschaftlichen Bereich«, in: ders., *Wissen und Gewissen. Versuch einer Brücke*, Frankfurt am Main 1993, S. 233-268.

[30] Ernst Cassirer, »Der Begriff der symbolischen Form im Aufbau der Geisteswissenschaften« in: ders., *Schriften zur Philosophie der symbolischen Formen*, hg. Marion Lauschke, Hamburg 2009, S. 63-92.

Wie immer diese ersten Ausgangspunkte sich bewähren beziehungsweise auszuarbeiten sind, unterstreichen sie doch den wesentlichen Punkt, dass die Intelligenz dieser Systeme untereinander unvergleichbar ist, auf keine Physik oder Logik Desselben reduziert werden kann und in ihrem orthogonalen Zusammenspiel ernst genommen werden muss, wenn man konkrete Phänomene untersuchen und verstehen können will.

»Intelligent« ist das Verhalten jedes einzelnen dieser Systeme in dem Ausmaß, in dem sie ihr Problem nicht nur lösen, sondern zugleich reproduzieren. Sie sorgen für ihren eigenen Nachschub, da sie andernfalls ihre Anhaltspunkte in ihrer Umwelt verlieren und keine Anlässe für ihre Reproduktion im Zeitablauf finden würden. Problem und Problemlösung zusammen spannen jenen heuristischen Rahmen, in dem »angemessene Selektionen« eines möglichen Verhaltens vorgenommen werden können.[31] Die Intelligenz steigt mit der Selektivität, das heißt mit der Menge an Möglichkeiten, die in Rechnung gestellt wird, wenn aus ihr eine spezifische Selektion gewählt wird. Im Rahmen einer kybernetischen Terminologie verschiebt sich das Problem damit von »Intelligenz« im Sinne optimierenden Suchverhaltens auf »Kontrolle« im Sinne eines Integrals, das die Autonomie des Systems in ein Verhältnis zur Komplexität der Umwelt setzt. Vieles deutet darauf

---

[31] W. Ross Ashby, »What Is An Intelligent Machine?«, in: Ders., *Mechanisms of Intelligence: Ross Ashby's Writings on Cybernetics*, hg. von Roger Conant, Seaside, CA 1981, S. 295-306.

hin, dass künstliche Systeme die Lösung dieses Kontrollproblems noch vor sich haben.[32]

Umgekehrt ist es ebenfalls noch nicht gelungen, das Kontrollproblem für den Zusammenhang organischer, neuronaler, mentaler und sozialer Systeme zu formulieren, zumal es trotz aller Kognitionswissenschaften keine Schule oder Forschungstradition gibt, die mit diesem Zusammenhang routiniert rechnet. Talcott Parsons' Hinweise im Rahmen seines »Paradigmas der menschlichen Bedingung«,[33] das diese Referenzen sowohl unterschied als auch aufeinander bezog, wurden nicht weiterverfolgt, zumal das Vierfelderschema seiner Handlungstheorie die zu untersuchenden Sachverhalte zu stark zu schematisieren schien. Erst jüngst scheint der Indikationenkalkül von George Spencer-Brown eine Handhabe zu bieten,[34] Parsons' Schema zu flexibilisieren und einen Rahmen der Formulierung von Formen des Umgangs mit Unterscheidungen zu bieten, der für kognitive Systeme jeglicher Art getestet werden kann.[35] Kognitive Systeme in den Medien des Lebens, des Bewusstseins, der Kommunikation und der Technik

---

[32] So etwa George Dyson, »The Third Law«, in: Brockman (Hg.), *Possible Minds*, a.a.O., S. 35-40.

[33] Talcott Parsons, »A Paradigm of the Human Condition«, in: Ders., *Action Theory and the Human Condition*, New York 1978, S. 352-433.

[34] George Spencer-Brown, *Laws of Form*, Leipzig 2008.

[35] Vgl. Niklas Luhmann, »Talcott Parsons – Zur Zukunft eines Theorieprogramms«, in: *Zeitschrift für Soziologie* 9, 1 (1980), S. 5-17, insbes. S. 12ff.; und ders., *Die Kontrolle von Intransparenz*, hg. v. Dirk Baecker, Berlin 2017, S. 96-120.

können hier als Systeme verstanden werden, die ihre Form aus dem Treffen von Unterscheidungen gewinnen, die Bestimmtes im Kontext von Unbestimmtem markieren und die Relation zwischen Bestimmtem und Unbestimmtem zur Reflexion ihrer Operationen inklusive eines Aufbaus eines Gedächtnisses nutzen. Eines der im Rahmen dieses Konzepts zu lösenden Theorieprobleme besteht darin, dass die Relation zwischen Bestimmtem und Unbestimmtem medial verstanden werden muss, etwa im Sinne der losen Kopplung zwischen Elementen, in die Formen geprägt werden können,[36] und auch dieser Medienbegriff noch keine angemessene interdisziplinäre Diskussion gefunden hat.

Ludwig Wittgensteins Begriff des »logischen Raums« markiert die zu lösenden Theorieprobleme trefflich; deswegen beschränke ich mich im vorliegenden Zusammenhang darauf, unter diesem Begriff festzuhalten, wie ein weiteres Forschungsprogramm eventuell vorzugehen hätte.[37]

Den logischen Raum, in dem ein Ereignis X produziert und reproduziert wird, das als Datum D zum Gegenstand der Berechnung durch einen Algorithmus gemacht werden kann, kann man mithilfe der Notation des Indikationenkalküls wie folgt notieren:

---

[36] Fritz Heider, *Ding und Medium*, Berlin 2005.

[37] Eine weitere Spur legt der Begriff der »medialen Form« bei Jacques Derrida, *Die différance. Ausgewählte Texte*, Stuttgart 2004, S. 119, der eine Operation beschreibt, die insofern keine ist, als sie im Sinne eines Integrals aus Autonomie und Kontrolle eher »spielt« als rechnet.

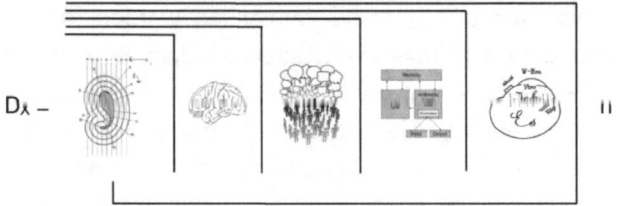

D_λ —   II

mit 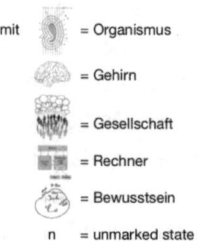 = Organismus

= Gehirn

= Gesellschaft

= Rechner

= Bewusstsein

n = unmarked state

Der Indikationenkalkül ordnet unsere Systemreferenzen innerhalb einer Form mit gestaffelt tiefen Räumen, die jeweils durch eine Unterscheidung, ein *cross*, generiert werden, die die Innenseite der Unterscheidung in ein Negations- und Implikationsverhältnis zur Außenseite setzt. Der Organismus steht im tiefsten und damit durch die meisten Unterscheidungen determinierten Raum, womit angedeutet werden soll, dass er die meisten Einschränkungen setzt. Er steht für die einem Menschen oder einem anderen hinreichend komplexen Akteur erreichbare materielle Praxis der Auseinandersetzung mit einer realen, symbolischen und imaginären Umwelt. Im flachsten Raum steht das Bewusstsein, das somit den größten Spielraum zur

Determination seiner Zustände hat. Unter einem *unwritten cross* steht der *unmarked state*, hier mit *n* markiert, der die ungeordnete Außenseite der Form darstellt und somit auf die notwendige Ergänzungsbedürftigkeit der Bestimmung der Form durch ihre unbekannten, aber mitlaufenden Voraussetzungen hinweist.

Das *re-entry* der Unterscheidung zwischen Bewusstsein und *unmarked state* führt die gesamte Form in der Unterscheidung des Organismus in die Form wieder ein und schließt sie somit zur Form einer Ausdifferenzierung und Reproduktion als Eigenwert einer rekursiven Funktion.

Auch die Reihenfolge der Ordnung von Organismus, Gehirn, Gesellschaft, Maschine und Bewusstsein ist hier paradigmatisch, das heißt exemplarisch gemeint. Für jede Analyse eines konkreten D_X wird man erneut untersuchen müssen, wie und in welcher Abhängigkeit voneinander die einzelnen Unterscheidungen ihre Form generieren. Der Indikationenkalkül zählt und ordnet nichts anderes als Abhängigkeiten zwischen unabhängigen, weil sich gegenseitig sowohl implizierenden als auch negierenden Einheiten. Kausalitäten werden damit nicht ausgeschlossen, doch sind sie das Material, in dem sich Unabhängigkeiten bewähren und Abhängigkeiten selegiert werden, nicht ihrerseits die Determinanten der Form. Den logischen Raum der Form kann man als polykontextural verstehen, in dem jede konkrete Vermittlung nicht mehr mithilfe einer zweiwertigen, sondern nur noch einer mehrwertigen Logik beschrieben werden kann.[38]

Ω_X wird von einem Beobachter als ein Datum bestimmt, das aus der Perspektive jeder genannten Systemreferenz eine eigene Identität besitzt. Es ist ein zugleich organisches, neuronales, mentales, soziales und technisches Datum, das im Horizont jeder Systemreferenz anders verarbeitet wird, das heißt andere Voraussetzungen und Folgen, andere frühere und Anschlussereignisse vernetzt. Jedes D_X ist ein Ereignis, das Systeme für exakt den Moment synchronisiert, in dem es auftritt. Gleich anschließend verfolgen die Systeme ihre eigene Systemdynamik, womit die Möglichkeit von synchronisierenden Folgeereignissen gerade nicht ausgeschlossen, sondern ermöglicht wird. Mit Niklas Luhmann, der dies für soziale und psychische Systeme gezeigt hat,[39] kann man daher vorschlagen, sich jedes dieser Systeme im Modus des selbstproduzierten Zerfalls vorzustellen, das heißt in einem temporalen Modus, der in jedem Moment neue Anschlüsse

---

[38] Man bekommt es mit einer Proliferation von quaternii terminorum (syllogistisch unzulässigen Vermittlungsbegriffen; vgl. Heinrich, *tertium datur*, a.a.O., S. 188) zu tun: *suppléments*, das heißt alles andere als überflüssige Komplikationen (Jaques Derrida, »Unterwegs zu einer Ethik der Diskussion«, in: ders., *Die différance*, a.a.O., S. 279-333.), oder auch Parasiten zu tun, deren Ausbeutung von Relationen weitere Relationen herstellt (Michel Serres, *Der Parasit*, Frankfurt am Main 1981).

[39] Niklas Luhmann, *Soziale Systeme*, a.a.O., S. 382ff.; ders., »Die Autopoiesis des Bewußtseins«, in: *Soziale Welt* 36, 4 (1985), S. 402-446; ders., »Gleichzeitigkeit und Synchronisation«, in: *Soziologische Aufklärung 5: Konstruktivistische Perspektiven*, Opladen 1990, S. 95-130.

erfordert. Ihre Reproduktion ist ein Ergebnis ihrer Selbst-gefährdung. Und ergänzen kann man dies durch ein Netz-werkkalkül à la Harrison C. White,[40] in dem jede gefunde-ne Verknüpfung zugleich als unzuverlässig konnotiert wird, so dass erst die konkrete Arbeit an Identität und Kon-trolle eine gewisse strukturelle Belastbarkeit herstellt.

VI

Blicken wir zurück auf die statistische Trivialität und struk-turelle Paradoxie, dass mit einer steigenden Zahl an Daten die Zuverlässigkeit der Prognose trotz größerem Ereig-nisraum steigt, so erkennen wir, dass für diesen Umstand in der Tat jener Faktor der Ungewissheit verantwortlich ist, der die beteiligten Systeme, verstanden als Ereignispro-duzenten, dazu zwingt, sich an die Umstände anzupas-sen, die sie vorfinden, da sie andernfalls keine Umstände mehr vorfinden würden, an die sie sich anpassen könnten.

Daraus kann eine Schlussfolgerung gezogen werden, die auch für den aktuellen Stand der KI Diskussion maß-geblich ist. Die requisite variety, mit der sich Systeme aus-statten müssen, die sich in komplexen Umwelten ausdif-ferenzieren und reproduzieren wollen,[41] macht diese Sys-

---

[40] Harrison C. White, *Identity and Control: A Structural Theory of Action*, Princeton, NJ 1992.

[41] So W. Ross Ashby, »Requisite Variety and Its Implications for the Control of Complex Systems«, in: *Cybernetica* 1, 2 (1958), S. 83-99.

teme im Einzelfall unvorhersehbarer und in der Menge vorhersehbarer. Letztlich macht die Autonomie, die sie unberechenbar macht, sie zugleich berechenbar, weil ihr Verhalten, Handeln und Erleben sich erst jetzt aus der Vergangenheit, der Umwelt und möglichen Zielen errechnet – und entsprechend aus ihnen errechnet werden kann –, die ihnen ihre Orientierung liefert.

Organismen, Gehirne, Bewusstsein, Gesellschaft, Technik und Kultur erzeugen füreinander eine Komplexität, die nur und ausschließlich durch eine Synchronisation reduziert werden kann, die jedes der beteiligten Systeme vor eine für sie maximale Voraussetzung stellt. Mechanismen wie Krankheit, Störung, Wahn, Anomie, Fehler und Dekadenz helfen dabei, das Verhaltensspektrum sowohl auszuloten als auch Zustände zu identifizieren und isolieren, die nicht durchzuhalten sind.[42] In jedem Moment wird von allen beteiligten Systemen die Ablehnung der eigenen Operationen vorweggenommen und im Medium der Bewertung dieser Ablehnung entweder angenommen oder abgelehnt. Letztlich stiftet nur eine Negativität, die sowohl Autonomie als auch Bezug sicherstellt, einen Zusammenhang, auf den man sich verlassen kann.

---

[42] Hier öffnet sich ein weites Forschungsfeld. Siehe für ein eindrucksvolles Beispiel die Analyse von Erving Goffman, »Embarrassment and Social Organization«, in: *American Journal of Sociology* 62 (1956), S. 264-271, der Peinlichkeit und des zugleich beschämenden und übergehenden Umgangs mit ihr als Mechanismus nicht nur der Korrektur, sondern des Aufbaus einer sozialen Ordnung.

Für die Modellierung von Negativität kommt neben dem digitalen auch das analoge Rechnen wieder zu Ehren, ersteres im Medium von Codes und Programmen, letzteres im Medium von Kontrolle und Widerspruch.[43]

Unergründlich ist die Differenz der Systeme, die orthogonal zueinander stehen und auf keine Identität und Kontinuität zurückgerechnet werden können. Ergründlich ist die Erwartung, dass aus dieser Unergründlichkeit eine Autonomie gewonnen werden kann, die die Systeme fallweise verlässlich aufeinander bezieht. Je freier die Algorithmen der künstlichen Intelligenz operieren können, desto mehr Spielraum und Grund haben sie, sich auf das Material zu beziehen, das sie in lebenden, neuronalen, psychischen und sozialen Systemen vorfinden.

Vielleicht bleibt der Status kultureller Systeme mit Absicht unklar. Die Bewertung dieser neuen Lage der Menschheit muss erst noch gefunden werden.

---

[43] So die Unterscheidung analog/digital bei Paul Watzlawick, Janet H. Beavin und Don D. Jackson, *Menschliche Kommunikation: Formen, Störungen, Paradoxien*, Bern 1969, S. 61ff.

Virtuelle Intelligenz: Eine begriffliche Übung

I

In den Sozial-, Kultur- und Medienwissenschaften gibt es, wenn ich mich nicht täusche, vier Möglichkeiten, sich einem Gegenstand zu nähern. Man kann *statistisch* auszählen, wie oft er, möglicherweise abhängig von weiteren Gegenständen und Ereignissen, vorkommt. Man kann *historisch* beschreiben, in welchen Gestalten, möglicherweise abhängig von Erwartungen und deren Enttäuschung, er aufgetreten ist und sich entwickelt hat. Man kann *phänomenologisch* einen Standpunkt suchen, traditionell das menschliche Bewusstsein, aber warum nicht auch andere wahrnehmungsfähige Einheiten, denen er als etwas erscheint, was dementsprechend mehr, aber wer wollte das entscheiden, über die Wahrnehmung als den Gegenstand aussagt. Und man kann sich ihm *theoretisch* nähern, üblicherweise in der Form von begrifflichen Klärungen, ersten Hypothesen und empirischen Tests.

Ich wähle im Folgenden den vierten Ansatz, doch sind wir mit dieser Vorüberlegung schon mitten im Thema. Von »Intelligenz« kann nur dort die Rede sein, wo Perspektiven auf einen Gegenstand als ebenso kontingent wie optional gelten und jeder Umgang mit einem Gegenstand eine Fähigkeit zur Variation dieses Umgangs nicht nur voraussetzt, sondern ausbaut und stärkt. Deswegen laufen in einem theoretischen Ansatz statistische, historische und phänomenologische Referenzen grundsätzlich mit und werden nach Bedarf ausgebaut oder abgekürzt. Und von einer »virtuellen« Intelligenz kann nur dort die Rede sein, wo jede »eigene« Intelligenz eines Beobachters von der »fremden« Intelligenz des Gegenstands zumindest profitiert, wenn sie sie nicht sogar voraussetzt. Eben darauf zielt die Rede von einer Intelligenz, die sich im Umgang mit einem Gegenstand erweist, also von diesem Gegenstand ebenso motiviert wird wie vom Beobachter. Der Beobachter, auch das liegt mit diesem Ausgangspunkt bereits auf der Hand, ist immer auch ein Gestalter: ein Gestalter dieses Umgangs, ein Gestalter seiner selbst, vielleicht sogar ein Gestalter des Gegenstands. Solange er registriert und verarbeitet, was er tut, bleibt er jedoch immer auch Beobachter. Andernfalls wäre er in der Variation seines Umgangs nicht frei.

II

Gut möglich also, dass sich die Rede von einer »virtuellen Intelligenz« als Pleonasmus erweist. Das gilt zumindest dann, wenn unter »Virtualität« im Sinne der Computerwissenschaft der Zugriff auf Speicher, Adressen, Laufwerke, Netzwerke oder Programme verstanden wird, in die Operationen ausgelagert werden können, die anschließend wieder aufgegriffen oder deren im fremden Medium erarbeiteten Rechenresultate weiterverwendet werden.[44] Wenn »Intelligenz« diese Fähigkeit zum Aus- und Wieder-einlagern, zum Zugriff auf Kognition außerhalb des eige-nen kognitiven Apparats meint, dann ist jede Intelligenz virtuell und hat jede Virtualität etwas mit Intelligenz zu tun.

Man kann diesen Pleonasmus dementsprechend auch als eine Tautologie verstehen und somit hätten wir einen robusten Ausgangspunkt gewonnen.[45] Intelligenz ist die Fähigkeit zur Inanspruchnahme fremder Leistungen. Die Tautologie der virtuellen Intelligenz enthält jedoch einen Bruch. Sie unterscheidet eigene von fremden Leistungen, bezogen jeweils auf kognitionsfähige Einheiten, von de-nen wir noch nicht recht wissen, was wir unter ihnen ver-stehen sollen. Mit der Unterscheidung von Eigen versus Fremd befinden wir uns zwar in guter Gesellschaft, inso-fern bereits Kant zumindest dann, wenn es um Erkennt-nisleistungen mit Objektivitätsansprüchen ging, die dafür erforderliche Vernunft als eine »fremde« Vernunft verstan-den hat.[46] Erst die Reflexion auf den Unterschied zwi-schen eigener und fremder Vernunft verdiene den Namen

---

[44] Siehe Peter J. Denning, »Virtual Memory«, in: *ACM Computing Sur-veys* 2, 3 (1970), S. 153-189; ders., *Before Memory Was Virtual*, Ms. George Mason University, 1996; und vgl. Stefan Rieger, *Kyberneti-sche Anthropologie: Eine Geschichte der Virtualität*, Frankfurt am Main 2003; und mit viel Material ders. und Dawid Kasprowicz (Hg.), *Handbuch Virtualität*, Berlin 2018.

[45] Im Sinne von Bateson, *Geist und Natur*, a.a.O., S. 105ff.

[46] Siehe Josef Simon, *Kant: Die fremde Vernunft und die Sprache der Philosophen*, Berlin 2003, insbes. S. 534f.

der Reflexion des eigenen Standpunkts und sei daher der erste Schritt auf dem Weg zu einer Objektivität, die zwar nicht dem Ding an sich, aber doch dem Standpunkt nicht nur eines, sondern mehrerer Subjekte zugerechnet werden kann.[47] Doch das bedeutet nicht, dass wir die Unterscheidung Eigen/Fremd in ihrer Leistung für Operationen der Intelligenz bereits verstanden hätten. Es kann auch nicht darum gehen, Intelligenz mit subjektiven Fähigkeiten zur Objektivität gleichzusetzen. Damit würde ich mich auf allzu ausgetretene Pfade der Erkenntnis- und Wissenschaftstheorie begeben.

Die Unterscheidung eigener von fremden Leistungen adressiert weder Subjektivität noch Objektivität, sondern Komplexität als Problemstellung, die von einer virtuellen Intelligenz sowohl ausgenutzt als auch bearbeitet wird. Der Tautologie einer virtuellen Intelligenz liegt die Differenz zweier Einheiten zugrunde, die aufeinander nicht reduziert werden können und ohne einander zumindest das nicht leisten können, worauf es hier ankommt, nämlich intelligente Kognition. Wir haben es mit der Einheit einer Vielfalt und zugleich mit der Vielfalt einer Einheit zu tun und nennen genau das »Komplexität«.[48] Die Tautologie verbirgt eine Paradoxie und alles Weitere hängt davon ab, ob die Unterscheidung, die beidem zugrunde liegt, die Un-

---

[47] »(…) objektiv ist das subjektiv Unverfügbare«, heißt es bei Hans Blumenberg, *Zu den Sachen und zurück*, Frankfurt am Main 2002, S. 144.

[48] Siehe nur Niklas Luhmann, »Haltlose Komplexität«, in: Ders., *Soziologische Aufklärung 5*, a.a.O., S. 59-76.

terscheidung von Eigen versus Fremd beziehungsweise die Unterscheidung kognitiver Einheiten, die aufeinander bezogen sind, aber aufeinander nicht reduziert werden können, zu einem Untersuchungsprogramm entfaltet werden kann oder nicht.

III

Die Konferenz, auf der dieser Beitrag zuerst vorgetragen worden ist,[49] gibt uns neben der Intelligenz, der Virtualität und der Komplexität noch ein weiteres Stichwort mit auf den Weg, nämlich das Stichwort der Lebenswelt. Tatsächlich können wir uns auf dieses Stichwort gut einlassen, denn unter einer »Lebenswelt« kann in aller Unbestimmtheit jenes Terrain oder Milieu verstanden werden, in dem die Differenz kognitiver Einheiten ausgetragen werden kann. Die Lebenswelt, sagt Hans Blumenberg, ist »womöglich nichts von dem, was der Fall ist«,[50] denn das, was der Fall ist, wäre dies ja bereits für mindestens eine der beteiligten kognitiven Einheiten. Die Lebenswelt, da aus jeder denkbaren Perspektive prinzipiell allenfalls partiell thematisiert, ist das, was *der Fall ist* im Kontext dessen,

---

49 Virtuelle Lebenswelten, Ruhr Universität Bochum, Bochum, 21. bis 23. Juni 2018.

50 Hans Blumenberg, »Ernst Cassirers gedenkend«, in: Ders., *Wirklichkeiten in denen wir leben: Aufsätze und eine Rede*, Stuttgart 1981, S. 163-172, hier: S. 166f.

was zumindest für einen an seine Unterscheidungen gebundenen Beobachter jeweils *nicht der Fall ist.*[51] Diese Unbestimmtheit mit ihren fallweisen Bestimmbarkeiten ist das Medium, in dem sich intelligente Operationen vollziehen, die die Differenz kognitiver Einheiten ebenso voraussetzt wie die Differenz jeder einzelnen kognitiven Einheit zu ihrer je spezifischen Umwelt. Wir haben es mit einer doppelten Komplexität zu tun, der Einheit einer Vielfalt (und Vielfalt einer Einheit) und der Differenz von Einheit und Umwelt, so unabdingbar und unreduzierbar wie die erste.

Damit haben wir allerdings ein Verständnis unserer Problemstellung erreicht, das sich mit dem Virtualitätsbegriff der Computerwissenschaft nicht mehr deckt. Unsere kognitiven Einheiten sind keine Rechner im technischen Sinne des Wortes, sondern Organismen, Gehirne, psychische Systeme, vielleicht soziale Systeme, möglicherweise auch künstliche, dann aber nicht-triviale Systeme, die ihre Operationen zwar ebenfalls strukturdeterminiert, aber zugleich selbstreferentiell errechnen. Sie können nicht als einfache oder komplizierte Input/Output-Maschinen verstanden werden, sondern sind ihrerseits komplex in dem Sinne, dass sie neben den Transformationsfunktionen trivialer Maschinen zusätzlich über die Zustandsfunktionen nicht-trivialer Maschinen verfügen und somit, wie Heinz von Foerster gezeigt hat,[52] als synthetisch determiniert, aber

---

51 Das ist eine der Problemstellungen, um die Wittgensteins Tractatus kreist. Siehe Wittgenstein, *Tractatus logico-philosophicus*, a.a.O.

52 Von Foerster, »Prinzipien der Selbstorganisation«, a.a.O., S. 233-268,

analytisch undeterminierbar, historisch von ihrer eigenen Geschichte abhängig und unvorhersehbar gelten müssen.

Virtuelle Intelligenz hat es mit Berechnungen im Medium der Unberechenbarkeit zu tun. Die Komplexität, mit der zu rechnen ist, ist nicht nur eine doppelte, sondern eine dreifache, denn neben der Differenz der kognitiven Einheiten und der Differenz von Einheit und Umwelt haben wir es nun auch mit der Komplexität jeder betroffenen Einheit selbst zu tun. Das scheint unsere Fragestellung ins Unlösbare zu steigern, vereinfacht sie jedoch in Wirklichkeit. Denn wir können die Lösung des Problems nun den beteiligten kognitiven Einheiten auftragen. Wir können sogar sagen, dass wir es mit einer weiteren Tautologie und damit einem weiteren robusten Ausgangspunkt zu tun bekommen: Die Komplexität einer kognitiven Einheit könnte sich als Befähigung zu einer virtuellen Intelligenz herausstellen. Wir drehen uns im Kreise und gewinnen an Fahrt.

Drei Definitionen bestimmen unseren Ausgangspunkt:

♦ Virtuelle Intelligenz wird bestimmt als die Fähigkeit zur Inanspruchnahme fremder Komplexität.
♦ Komplexität wird in allen drei Fällen (Einheit einer Vielfalt; Differenz kognitiver Einheiten; Differenz von kognitiver Einheit und ihrer Umwelt) als Einheit einer irreduziblen Differenz bestimmt.

---

hier: S. 245ff.

♦ Unter einer Lebenswelt wird das Miteinander inkommensurabel selbstreferentieller Systeme wie
Organismen, Gehirne, psychische, soziale und
künstliche Systeme im Kontext natürlicher Umwelten und diverser Technologien verstanden.

Die wichtigste Aufgabe einer begrifflichen Übung zum
Thema virtuelle Intelligenz besteht demnach darin, das
»Miteinander« kognitiver Einheiten in einer Lebenswelt
näher zu bestimmen. Im Umkreis der Kybernetik zweiter
Ordnung, an der ich mich hier orientiere, gibt es dafür eine
umfangreiche Begrifflichkeit, die um die Begriffe »Kommunikation«, »Kontrolle« und »Ökologie« kreist.[53] »Kommunikation« beschreibt Abhängigkeitsbeziehungen zwischen
unabhängigen Einheiten,[54] »Kontrolle« den Aufbau eines
eigenen Gedächtnisses im Umgang mit einem fremden
komplexen System[55] und »Ökologie« die durch kein Supersystem geregelten, nachbarschaftlich konfliktreichen
Beziehungen von Systemen in der Umwelt weiterer Systeme.[56] Jeder dieser Begriffe kann als eine Lesart des
Problems der virtuellen Intelligenz gelesen werden.

---

[53] Siehe Wiener, *Cybernetics*, a.a.O.; Gregory Bateson, *Steps to an Ecology of Mind*, Chicago 2000; von Foerster, *Understanding Understanding: Essays on Cybernetics and Cognition*, New York 2003.

[54] Luhmann, *Soziale Systeme*, a.a.O.

[55] Ashby, »Requisite Variety«, a.a.O., S. 83-99.

[56] Siehe zum Beispiel Robert E. Park, Ernest W. Burgess und Roderick D. McKenzie, *The City*, Chicago, IL 1967.

IV

Ein mögliches Verständnis virtueller Intelligenz steht und fällt mit Begriffen, die geeignet sind, die Struktur der beteiligten kognitiven Einheiten in Abhängigkeit von ihren ökologischen Beziehungen der Kommunikation und (Selbst-)Kontrolle zu beschreiben. Diese Begriffe müssen auf der einen Seite, will man an einem einheitlichen Begriff der virtuellen Intelligenz festhalten, für kognitive Einheiten jeden Typs gelten und auf der anderen Seite in der Lage sein, jeden dieser Typen in seinem Unterschied zu erfassen. Generalisierung und Spezifizierung müssen hier Hand in Hand arbeiten.

Gegenwärtig scheinen vor allem drei Begriffe geeignet zu sein, diese Anforderung zu erfüllen, nämlich die Begriffe der medialen Form, des heterogenen Netzwerks und des temporalen Systems. Ich beginne auf der generellen Ebene.

Der Begriff der medialen Form stammt von Jacques Derrida und umschreibt Operationen, *die keine sind*.[57] Gemeint ist damit das Spiel einer différance, einer Bewegung und eines Aufschubs, deren Bedingungen ihrer Möglichkeit (»Transzendenz«) so wenig gesichert sind wie eine unabhängig von allem anderen gegebene Substanz (»Telos und Motiv«).[58] Eine Operation, die keine ist, verknüpft unzuverlässig, ergänzungsbedürftig, beiläufig, un-

---

57 Jacques Derrida, »Die différance«, in: Ders., *Die différance*, a.a.O., S. 110-149, hier: S. 119.

58 Ebd., S. 115f.

scheinbar und dennoch maßgebend. In der Kybernetik würde man sagen, sie verknüpft kommunikativ und nicht kausal – oder auch: nicht-linear und nicht linear. Diese Operation generiert eine Form, die nichts anderes ist als das Medium ihrer Möglichkeit. Sie bleibt virtuell, bedarf jedoch ihrer Anhaltspunkte sowohl in einer als kognitionsfähig beschriebenen Einheit, und sei diese ein Text, als auch in einer Umgebung oder auch in einer anderen Einheit, und sei dieser ein anderer Text, auf die sie sich bezieht. Um das genauer zu verstehen, hilft ein Bezug auf die Begrifflichkeit von Fritz Heider, der Medien als lose gekoppelte Mengen von Elementen konzipiert, in die Dinge oder auch, mit einem an George Spencer-Brown orientierten Schritt der Verallgemeinerung, Formen als fest gekoppelte Mengen von Elementen eingeprägt werden können.[59] Eine mediale Form ist dann eine Form, die jederzeit auf das Medium, in dem sie zustande kommt, nicht nur zurückgerechnet werden kann, sondern in dieses Medium auch wieder zerfällt, je nach Blick des Beobachters und Anschlussoperationen, die dieser Blick generiert.

Macht man den Schritt der Verallgemeinerung vom Ding zur Form, so gewinnt man überdies ein genaueres Verständnis einer Operation, die keine ist. Denn die Form im Sinne des Spencer-Brown'schen Indikationenkalküls ist die Zwei-Seiten-Form einer Unterscheidung, die dort eine Trennung vollzieht, wo zugleich ein Zusammenhang

---

59 Vgl. Heider, *Ding und Medium*, a.a.O.; und Spencer-Brown, *Laws of Form*, a.a.O.

existiert. Diese Operation ist die eines Beobachters, der »etwas zwischen etwas legt« (lat. *intellegere*), was einen Bruch herstellt (lat. *ratio*), der zum einen zwar etwas erkennbar macht, zum anderen jedoch diese Erkenntnis nicht nur von der eigenen Operation, sondern auch vom Nichtmitlaufen der Beobachtung dieser Operation abhängig macht. Zieht man die Beobachtung *von etwas* und die Beobachtung *der Beobachtung selbst* zusammen, so wird ununterscheidbar, was unterschieden werden sollte. Die Operation negiert sich selbst; und sie kann und muss *dies negieren*, um die Unterscheidung treffen zu können, die sie trifft. Logisch gesprochen, ist die Operation, verstanden als mediale Form, damit in ihrer eigenen Negation verankert. Virtuelle Intelligenz ist Intelligenz, die sowohl ihre Virtualität als auch ihren Intellekt zum Ausgangspunkt ihres Zweifels an sich selbst, ihres Spiels und damit ihrer Bereitschaft zum Wechsel, zum Sprung, zur Wendung nimmt.

Der Begriff des heterogenen Netzwerks stammt von Harrison C. White.[60] Heterogen sind in diesem Netzwerk die Elemente, aus denen es besteht. Ein Netzwerk ist eine offene, jederzeit ergänzbare, aber auch reduzierbare Menge von Beziehungen (»Kanten«) zwischen Elementen (»Knoten«), die allesamt ein Identitätsproblem haben, das nur durch Kontrollversuche der eigenen Beiträge zu diesem Netzwerk gelöst werden kann. Es ergibt sich eine

---

[60] Harrison C. White, *Identity and Control: A Structural Theory of Action*, a.a.O.; ders., *Identity and Control: How Social Formations Emerge*, Princeton, NJ 2008, S. 19.

relationale Struktur, die in jedem ihrer Elemente wie auch in der Struktur selbst dynamisch ist. Die Heterogenität dieser Elemente – im Fall eines sozialen Netzwerks etwa Orte, Geschichten, Personen, Institutionen, Praxen, Normen, Techniken – garantiert die Unabhängigkeit, weil Inkommensurabilität der im Rahmen von Identitätsbeziehungen voneinander abhängigen Elemente. Die aus ihrem Netzwerk gewonnene Identität beruht auf einer Nicht-Identität, die jederzeit für neue und andere Netzwerkbeziehungen aktiviert werden kann.

Virtuelle Intelligenz ist in diesem Kontext eine Intelligenz, die mit jederzeit austauschbaren Referenzen arbeitet und aus der Austauschbarkeit der Referenzen mindestens so viel Erkenntnis bezieht wie aus den Referenzen selbst. White beschreibt Netzwerke dieser Art deswegen auch als einen »calculus of trade-offs in uncertainty«.[17] Kontrollversuche im Rahmen von Identitätsleistungen müssen Gewinne gegen Verluste inklusive Opportunitätskosten abwägen und können sich nie sicher sein, wie verlässlich die Gewinne und wie reell die Verluste sind. Wieder ist die Botschaft dieselbe. Virtuelle Intelligenz ist Intelligenz aus Operationen im Horizont ihrer Alternativen.

Der Begriff des temporalen Systems bestätigt diesen Eindruck. Er stammt von Niklas Luhmann und kombiniert einen spezifischen Element- mit einem dazu passenden Strukturbegriff.[61] Elemente werden zu Ereignissen ver-

---

[61] Luhmann, *Soziale Systeme*, a.a.O., Kap. 8.

zeitlicht, die auftauchen und wieder verschwinden, und Strukturen werden als Gewinn von Zerfallsbereitschaft verstanden.[62] Paradoxerweise können nur so zeitliche Differenzen zwischen den Operationen des Systems sowohl überbrückt als auch für die Auflösung und den Neugewinn von Strukturen genutzt werden. Die selbst erzeugte Unruhe zwingt das System zu einer laufenden Neuadjustierung seiner Orientierung an sich und seiner Umwelt. Es gibt nur Ereignisse, an denen sich das System orientieren kann und aus denen es besteht, und diese Ereignisse sind schon wieder Vergangenheit, sobald sie zur Gegenwart geworden sind, können aber in genau diesem Modus miteinander verknüpft werden und ein Bild der Lage erzeugen. In diesem Modus befähigt sich das System zur »vorübergehenden Anpassung an vorübergehende Lagen«, wie Luhmann gerne formuliert.[63] Auch hier ist es nicht die Anpassung, die intelligent ist, sondern ihre Wiederauflösbarkeit. Und wiederauflösbar ist die Anpassung nur, wenn ihre Anhaltspunkte virtuell, das heißt als Inanspruchnahme »fremder« Leistungen gelten können, mit denen man sich allenfalls vorübergehend identifiziert.

Diese drei Begriffe der medialen Form, des heterogenen Netzwerks und des temporalen Systems sind allgemein in jenem Sinne, dass ihnen reichhaltige Erfahrungen

---

[62] Insbes. ebd., S. 394.

[63] Zum Beispiel Niklas Luhmann, »Probleme mit operativer Schließung«, in: ders., *Soziologische Aufklärung 6: Die Soziologie und der Mensch*, Opladen 1995, S. 12-24, hier: S. 15.

mit empirischen Gegenständen zugrunde liegen. Sie entstammen Text-, Wahrnehmungs-, Handlungs-, Kommunikations- und Gesellschaftstheorien, die ihre jeweiligen Gegenstände nicht nur spezifisch beschreiben und erklären, sondern die gewonnenen Einsichten in Operationen, Elemente und Strukturen transdisziplinär für die Ausarbeitung von Medien-, Netzwerk- und Systemtheorien sowie deren philosophische Reflexion und mathematische Unterfütterung fruchtbar machen. In dem Maße, in dem diese Theorien auf unterschiedlichen Feldern der Empirie fruchtbar gemacht werden können, verfügen wir über einen allgemeinen Begriff der virtuellen Intelligenz.

V

Alle drei Begriffe der medialen Form, des heterogenen Netzwerks und des temporalen Systems halten sich an unsere drei Definitionsmerkmale einer virtuellen Intelligenz als Inanspruchnahme fremder Komplexität, Einheit einer irreduziblen Differenz und Lebenswelt des Miteinanders inkommensurabel selbstreferentieller Systeme. Ich will damit nicht behaupten, dass die verschiedenen Theoriehintergründe der hier entfalteten Begrifflichkeit letztlich alle auf Dasselbe hinauslaufen. Ich will nicht behaupten, dass die Medien-, Netzwerk- und Systemtheorie inklusive ihrer philosophischen und mathematischen Begleitmusik zu einer einheitlichen Theorie integriert werden können.

Vermutlich ist es sowohl für ihre theoretische Weiterentwicklung als auch für ihre empirische Anwendung sinnvoller, ihre Differenz zu betonen und sie unvorbunden nebeneinander stehen zu lassen. Aber ich habe den Eindruck, dass diese Theorien bestimmte Impulse aus ihren Gegenstandsbereichen miteinander teilen und dass sie daher in einer zukünftigen kognitionswissenschaftlichen Theorie der Form auch integriert werden können. Ob die Suche nach einem Verständnis und Begriff einer virtuellen Intelligenz dabei hilft, wird man sehen.

Ohne die Möglichkeit einer integralen Theorie behaupten oder ihr vorgreifen zu wollen, sollen hier in einem anschließenden Schritt einige Hinweise zusammengestellt werden, die es erlauben, eine sich andeutende Theorie der virtuellen Intelligenz nicht nur zu generalisieren, sondern auch zu spezifizieren. Da es hier jedoch nicht darum gehen kann, den aktuellen Forschungsstand zu lebenden, psychischen, sozialen und künstlichen Systeme zu rekapitulieren, das wäre ein umfangreiches interdisziplinäres Unterfangen, beschränke ich mich auf einige wenige Hinweise auf die Differenz und damit Inkommensurabilität dieser Systeme, deren Miteinander in der aktuellen Lebenswelt auf der Erde außer Frage steht, ohne dass dieses Miteinander gegenwärtig trotz allen Interesses an ökologischen Fragestellungen ein eigenes Forschungsthema wäre.

Ich präsentiere also meine eigene, idiosynkratische Auswahl aus einem umfangreichen Forschungsstand und konzentriere mich auf die Suche nach einer Form der virtuellen

Intelligenz, in der diese Systeme ihren je eigenen Platz haben. Die Ausgangsthese ist, dass die Elemente und Strukturen dieser Systeme im Medium ihrer Vernetzung zur Form einer virtuellen Intelligenz führen, die jede eigene Systemleistung zugleich als eine Vernetzungsleistung zu verstehen erlaubt. Hierin liegt die Pointe des Virtualitätsbegriffs. Die Vernetzungsleistung ist im Vergleich mit der Systemleistung jederzeit wiederauflösbar, doch um dies sicherzustellen, ist auch die Systemleistung zerfallsbereit. Nur deswegen muss man System und Netzwerk unterscheiden. Sie setzen sich gegenseitig unter Zugzwang. Die Identitätsleistung, die beide zusammen erbringen, hat zwei nicht-identische Komponenten, deren Differenz von dem ausgebeutet wird, was wir dann »Intelligenz« nennen können.

Welche Systemleistungen der beteiligten Systeme sind zugleich Vernetzungsleistungen, ohne auf diese reduziert werden zu können?

Für die Neurowissenschaften vom Gehirn ist dies das »predictive coding«.[64] Mit Anklängen spätestens bei Hermann von Helmholtz' Theorie der induktiven Schlüsse [65] wird das Gehirn als ein Organ verstanden, das laufend Vorhersagen zu Ereignissen in seiner sinnlichen Umwelt trifft und dafür laufend auf eine Art und Weise mit sich selbst

---

64 Vgl. Frith, *Making Up the Mind*, a.a.O.; Georg Northoff, *Unlocking the Brain, Bd 1: Coding*, und *Bd 2: Consciousness*, Oxford 2013 und 2014. Vgl. auch Dirk Baecker, *Neurosoziologie. Ein Versuch*, Berlin 2014.

65 Hermann von Helmholtz, *Handbuch der physiologischen Optik*, Hamburg 1896., S. 579f.; vgl. allgemein Michael Hagner, *Homo cerebralis. Der Wandel vom Seelenorgan zum Gehirn*, Frankfurt am Main 2008.

beschäftigt ist, die es ihm erlaubt, jede neue Irritation seiner Sinneswahrnehmung nach eigenen Erfahrungen und Mustern zu verarbeiten und jede Enttäuoohung seiner Vorhersagen in eine Umorientierung der Gewichtung seiner Erwartungen und eine Veränderung seiner Muster umzusetzen. Prädiktion ist Systemleistung als Vernetzungsleistung, und die eine Leistung kann auf die andere nicht reduziert werden.

Für die Biologie sind lebende Systeme, Zellen ebenso wie Organismen, irritable Systeme.[66] Lebende Systeme bestehen aus Erregbarkeiten, die laufend damit beschäftigt sind, eine innere Umwelt, eine »fluide Matrix«,[67] so aufrechtzuerhalten, dass Störungen aus der äußeren Umwelt aufgefangen und verarbeitet werden können. Sigmund Freud sprach von Reizabfuhr und, wo das nicht hilft, Reizflucht,[68] doch beides setzt Erregbarkeit wiederum in der Dopplung von System- und Vernetzungsleistung voraus.

Inwiefern das Bewusstsein, verstanden als psychisches System, vom Gehirn unterschieden werden kann, ist eine phänomenologisch eindeutig, kognitionswissenschaftlich

---

66 Vgl. Urs Boschung, »Irritabilität, Reizbarkeit«, in: Werner E. Gerabek, Bernhard D. Haage, Gundolf Keil und Wolfgang Wegner (Hg.), *Enzyklopädie Medizingeschichte*, Berlin 2005, S. 681-682.

67 Ein Stichwort von Walter B. Cannon, *The Wisdom of the Body*, New York 1963. Vgl. auch Kurt Goldstein, *Der Aufbau des Organismus: Einführung in die Biologie unter besonderer Berücksichtigung der Erfahrungen am kranken Menschen*, hg. von Thomas Hoffmann und Frank W. Stahnisch, Paderborn 2014.

68 Sigmund Freud, »Entwurf einer Psychologie«, in: Ders., *Gesammelte Werke, Nachtragsband: Texte aus den Jahren 1885 bis 1938*, hg. v. Angela Richards, Frankfurt am Main 1999, S. 387-477, hier: S. 389.

jedoch nur schwer zu beantwortende Frage. Die intentio-
nale Struktur des Bewusstseins, bestehend aus Vorstellungen und Wahrnehmungen, die retentional und proten-
tional aufeinander Bezug nehmen, ist von der neuronalen
Struktur so sehr unterschieden, dass für das Bewusstsein
sein eigenes Gehirn unerreichbar ist (»autoepistemische
Limitation«)[69], doch liegt auf der anderen Seite auf der
Hand, dass Bewusstseinsleistungen ohne das Substrat des
Gehirns, von dem sie getragen werden, kaum vorstellbar
sind. Aus phänomenologischer und soziologischer Sicht ist
es zwar denkbar, dass das materielle Substrat des Bewusstseins die Sprache und deren soziale Konditionierung
ist,[70] doch wird dieser Gedanke in den Kognitionswissenschaften gegenwärtig meines Wissens nicht verfolgt. In
unserem Zusammenhang ist einstweilen nur wichtig, dass
psychische Systeme aus Vorstellungen bestehen, die immer Vorstellungen *von etwas* sein müssen, zugleich jedoch
Vorstellungen *des Bewusstseins* und nicht etwa der vorge-
stellten Gegenstände sind.[71] Die Identität der Differenz von
System- und Vernetzungsleistung liegt auf der Hand.

---

[69] Siehe Northoff und Musholt, »Können wir unser eigenes Gehirn als
Gehirn erkennen?«, a.a.O., S. 19-30.

[70] Deswegen war es Husserl mit seiner Formulierung vom »einsamen
Seelenleben« so wichtig, zwischen (kundgebendem) Ausdruck und
Bedeutung (ohne Kundgabe) zu unterscheiden. Siehe Edmund
Husserl, *Logische Untersuchungen*, Hamburg 2009, S. 41-43.

[71] Vgl. Luhmann, »Die Autopoiesis des Bewußtseins«, a.a.O., S. 402-
446, erweiterte Fassung in: Alois Hahn und Volker Kapp (Hg.),
*Selbstthematisierung und Selbstzeugnis: Bekenntnis und Geständ-
nis*, Frankfurt am Main 1987, S. 25-94.

Soziale Systeme sind Systeme, die das Problem der doppelten Kontingenz ihrer Handlung und Kommunikation laufend lösen und neu ctollen.[72] Welches Verhalten, welche Persönlichkeitsstrukturen, welches Handeln und Erleben auch immer durch soziale Systeme integriert und differenziert wird, verändert nicht, sondern bestätigt nur deren Fähigkeit, Kontingenz zu bearbeiten und zu produzieren. Dazu ist nichts anderes erforderlich als die Verdopplung der Kontingenz derart, dass jedes Verhalten, Handeln und Erleben einer Person, die sich auf bestimmte Möglichkeiten festlegt oder festgelegt sieht, die Kontingenz möglicher Anschlüsse nicht aus der Welt schafft, sondern auf den Plan ruft. Soziale Systeme schaffen Abhängigkeitsbeziehungen unter unabhängigen Einheiten. Doppelte Kontingenz ist der Modus, in dem Abhängigkeit und Unabhängigkeit zugleich produziert werden können. Auch hier ist die Systemleistung von der Vernetzungsleistung nur insofern zu trennen, als beide kaum auseinandergehalten werden können. Die soziale Kompetenz der Produktion von Ambivalenz in Tateinheit mit Ambiguitätstoleranz kann Akteuren nur deswegen unterstellt werden, weil sie ihnen zugleich aufgezwungen wird, wenn und solange sie sich auf ein soziales System einlassen.[73]

---

[72] Talcott Parsons et al., »Some Fundamental Categories of the Theory of Action: A General Statement«, in: ders. und Shils (Hg.), *Toward a General Theory of Action*, a.a.O., S. 3-29, hier: S. 15f.; Luhmann, *Soziale Systeme*, a.a.O., Kap. 3.

[73] Siehe Eric A. Leifer, *Actors as Observers: A Theory of Skill in Social Relationships*, New York, NY 1991.

Schließlich künstliche Systeme. Da im Wechsel von symbolischen Systemen zu statistischen Verfahren des Maschinenlernens der Begriff der Künstlichen Intelligenz an Schärfe eher verloren als gewonnen hat, beschränke ich mich auf den Verweis auf statistische Verfahren der Auswertung großer Datenmengen.[74] Künstliche Systeme sind im Moment Systeme, denen virtuelle Intelligenz insofern zugesprochen werden kann, als sie ohne den Zugriff auf große Datenmengen, in denen ihre Fähigkeit zur Mustererkennung und Schlussfolgerung trainiert und getestet werden kann, nicht vorstellbar sind. Maschinenlernen heißt in diesem Zusammenhang, Hypothesen zur Wahrscheinlichkeit des Auftretens von Ereignissen und Zusammenhängen zu entwickeln, die mit jedem neuen Fall und jedem neuen Dataset überprüft und korrigiert werden können. Abgesehen von den Korrelationen, die die künstlichen Systeme zwischen ihren Daten herstellen, werden auch Korrelationen zwischen Hypothesen und Ereignissen in der Wirklichkeit hergestellt und in ihrem Gewicht laufend neu bewertet. Auch hier ist die Systemleistung eine Vernetzungsleistung, ohne dass die eine auf die andere reduziert werden könnte.

Virtuelle Intelligenz ist in allen diesen Systemen identisch mit der Bearbeitung der Differenz von System und

---

[74] Siehe Domingos, *The Master Algorithm*, a.a.O.; und vgl. für den gescheiterten Ansatz der Modellierung symbolischer Systeme Newell und Simon, »Computer Science as Empirical Inquiry«, a.a.O., S. 113-126.

Umwelt. Selbstreferentielle und daher auch selbstorganisierende Systeme sind in allen diesen Fällen identisch mit dem Unterschied, den sie gegenüber ihrer Umwelt ma chen. Das ist die Paradoxie, die ihnen allen zugrunde liegt und die sie in ihren Operationen zeitlich, sachlich und nicht zuletzt sozial, das heißt im Hinblick auf die Kontakte, auf die sie sich einlassen, entfalten.

VI

Ich überlasse die Frage, wie jedes einzelne dieser Systeme seine Form einer virtuellen Intelligenz realisiert, der fachwissenschaftlichen Forschung. Wichtiger ist mir in unserem Zusammenhang, dass das Miteinander inkommensurabel selbstreferentieller Systeme in der Lebenswelt, die wir betrachten, eine virtuelle Intelligenz bereitstellt, die auf jedes der beteiligten Systeme zugerechnet werden kann und doch in keiner von ihr restlos aufgeht. Ganz abgesehen davon, dass eine Lebenswelt in keiner Operation eines Systems aufgeht, sondern grundsätzlich durch einen Überschusssinn gekennzeichnet ist, der so und anders reduziert werden kann,[75] ist die Intelligenz jeder einzelnen beteiligten kognitiven Einheit auf die Intelli-

---

[75] So Claude Lévi-Strauss, »Einleitung in das Werk von Marcel Mauss«, in: Marcel Mauss, *Soziologie und Anthropologie*, Bd. I, Frankfurt am Main 1978, S. 7-41, hier: S. 39f.; und Luhmann, *Soziale Systeme*, a.a.O., S. 93f.

genz aller Einheiten angewiesen. Eben das definiert ihre Virtualität. Eine Lebenswelt kann als die rekursive Form aufeinander bezogener Intelligenzen verstanden werden, deren Struktur, Form und Netzwerk ebenso sehr als System- wie als Vernetzungsleistung zu verstehen ist.

Diese rekursive Form der Lebenswelt, komponiert aus den rekursiven Formen der beteiligten Systeme in ihren Kommunikations- und Kontrollbeziehungen zum einen und dem Überschusssinn aus der Erfahrung bisheriger und Erwartung weiterer Rekursionen, kann man anschreiben. Ich nutze dazu die Notation des Indikationenkalküls Spencer-Browns, der es ermöglicht, ineinander verschachtelte Unterscheidungen anzuschreiben, die jeweils als Unterscheidungen eines Beobachters zu verstehen sind.[76] Eine soziologische (so) Beobachtung einer Lebenswelt virtueller Intelligenzen (VI) hat somit die folgende Form ($Lebenswelt^{VI}_{so}$) aufeinander bezogener sozialer, lebender, neuronaler, psychischer und künstlicher Systeme:

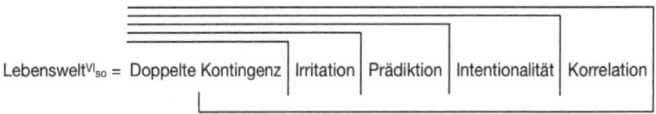

Diese Konzeption einer Lebenswelt virtueller Intelligenzen schließt an Husserls Begriff der Lebenswelt im Sinne einer »vorgegebenen Welt als Horizont aller sinnvollen Induktio-

76 Siehe zu einer Lektüre des Spencer-Brown'schen Indikationenkalküls im Kontext philosophischer und soziologischer Überlegungen Dirk Baecker, *Beobachter unter sich: Eine Kulturtheorie*, Berlin 2013.

nen«, als »Welt aller bekannten und unbekannten Realitä-
ten«, als »Welt der erfahrenden Anschauung« an,[77] be-
hauptet jedoch nicht deren natürliche Evidenz, sondern
nimmt Motive ihrer sozialen und darunter wissenschaftlichen Gestaltung, die Husserl ausschließen wollte, mit in
den Begriff auf. Wie bei Husserl kommt es auch in diesem
erweiterten Begriff der Lebenswelt darauf an, die »Ideali-
sierungen« einer abstrahierenden Wissenschaft nicht einfach hinzunehmen, sondern in ein Verhältnis zur Wirklichkeit zu setzen, von der abstrahiert wird.[78] Doch der Gedanke, dass »was immer wir kunstlos oder als Kunst
tun«[79] das Wesen der anschaulich erfahrbaren Welt nicht
verändert, wird aufgegeben. Uns interessiert eine Lebenswelt, die sozial, kulturell und technisch variiert werden kann,
weil alles dafür spricht, dass der Mensch ebenso wie seine
Lebenswelt in genau diesem Sinne »plastisch« sind.[80]

Im tiefsten Raum (s_5) der Gleichung steht die doppelte
Kontingenz. Die Begegnung mit anderen macht die
Lebenswelt zur Lebenswelt. Die anderen handeln anders

---

[77] Edmund Husserl, *Die Krisis der europäischen Wissenschaften und
     die transzendentale Phänomenologie: Eine Einleitung in die phäno-
     menologische Philosophie*, Hamburg 1982, S. 54.

[78] Siehe mit einem ähnlich gelagerten Versuch der lebensweltlichen
     Rekonstruktion von Mathematik George Lakoff und Rafael E. Nuñez,
     *Where Mathematics Comes From: How the Embodied Mind Brings
     Mathematics into Being*, New York, NY 2000.

[79] Husserl, *Die Krisis*, a.a.O., S. 54.

[80] Im Sinne von Arnold Gehlen, *Urmensch und Spätkultur: Philosophi-
     sche Ergebnisse und Aussagen*, Wiesbaden 1986, etwa S. 73.

und sie erleben anders.[81] Beides ist Teil der doppelten Kontingenz. Weder Handeln noch Erleben lässt sich vorhersagen. Das Handeln und Erleben jedes einzelnen Individuums wird von beidem bestimmt, vom eigenen Handeln und Erleben und vom Erleben und Handeln der anderen. Eben deswegen ist »Kommunikation« der Grundbegriff der Beschreibung doppelt-kontingenter sozialer Systeme und eben deswegen ist »Kontrolle« eine Form der Beschreibung und Formatierung der eigenen riskanten Einsätze im Spiel der Reduktion und Steigerung doppelter Kontingenz.[82] Die virtuelle Intelligenz einer Lebenswelt sozialer Systeme liegt darin, dass die prinzipielle Freiheit der beteiligten Individuen nicht nur zur Kenntnis genommen, sondern als Modus der Bearbeitung der sozial generierten Komplexität auch gefordert wird. Die Virtualität der Intelligenz bezieht sich in diesem Zusammenhang auf die Möglichkeit der Wahl von Zuschreibungsadressen. Man kann nicht nur verschiedenen Individuen, sondern auch je nach Bedarf und Anhaltspunkten ihrem Handeln oder ihrem Erleben zurechnen, was man in der Situation für typisch, für bewältigbar oder auch für thematisierbar hält.

Doch bereits im nächsten Raum, s_4, steht die Erregbarkeit lebender Systeme, ohne die Handeln und Erleben

---

[81] Siehe dazu Niklas Luhmann, »Handeln und Erleben«, in: Ders., *Soziologische Aufklärung 3: Soziales System, Gesellschaft, Organisation*, Opladen 1981, S. 67-80.

[82] Davon handelt gute Soziologie seit Erving Goffman, *The Presentation of Self in Everyday Life*, New York, NY 1959.

keine physischen Anhaltspunkte hätten, wie frei interpretiert, unterschiedlich imaginiert und symbolisiert auch immer diese Anhaltspunkte in Vorhalten, Sprache, Normen und Institutionen aufgegriffen werden. Die gängige wissenschaftliche Praxis, alle Phänomene aus einer Beschreibung zu streichen, die ubiquitär sind und sich von selbst verstehen, würde hier in die Irre führen. Lebende Systeme sind nicht als Konstanten, sondern in ihrer Variabilität und Plastizität an der wechselseitigen Konditionierung aller genannten Systeme beteiligt. Körperlichkeit ist in jeder denkbaren Lebenswelt nicht nur ein wahrnehmbarer Anhaltspunkt für die Anwesenheit oder Abwesenheit von Adressaten der Kommunikation und Trägern von Erlebnisfähigkeit, sondern über Eigenschaften wie Ruhe oder Nervosität, Konzentration oder Zerstreutheit, Annäherung oder Entfernung ein unverzichtbarer Stimulus für die sich selbst erforschende Intelligenz einer Situation.

Die Erregbarkeit lebender Systeme ist von den Antizipationen, Erwartungen und Mustern zu unterscheiden, die das Gehirn im Kontext seiner organischen Irritation produziert, um den Körper im Verhältnis zur Welt und umgekehrt zu positionieren. Die Lebenswelt der virtuellen Intelligenz ist eine Lebenswelt, die auf der Ebene neuronaler Systeme daran interessiert ist, das Vertraute vom Unvertrauten zu unterscheiden und Letzteres entweder zu fliehen oder so lange zu betrachten, bis Vertrautes an ihm sichtbar wird. Die Prädiktion steht im Raum s_3 unserer Formgleichung. Sie wird von den Differenzen sozialer Systeme ebenso versorgt wie von den Differenzen lebender Systeme und ist mit nichts anderem beschäftigt, als diese in eigene Differenzen zu übersetzen.

Erst dann, wenn die Irritation ihren Dienst getan und die Prädiktion sich orientiert hat, kommen Intentionen zum Zuge, die im Raum s_2 einem Bewusstsein zugeschrieben werden können. Diese Intentionen ergeben sich ebenso wenig kausal aus Irritation und Prädiktion, wie die Prädiktion aus dem Typ der Irritation einfach abgeleitet werden könnte. Wir haben es mit inkommensurablen Systemen zu tun, die einander ihre Komplexität zur Verfügung stellen, ohne sich wechselseitig determinieren zu können. Die Intentionen des Bewusstseins ergeben sich aus diesem selbst und sind auf dieser Ebene durch Irritation und Prädiktion, aber ebenso durch die doppelte Kontingenz der sozialen Umwelt und durch die Korrelationen, mit denen die Technik konfrontiert, vielfach, aber eben nicht eindeutig beeinflusst.

Künstliche Systeme im Raum s_1 unterfüttern dieses Stelldichein selbstreferentiell operierender Systeme mit mehr oder minder überraschenden Korrelationen, die aus statistischen Bestandsaufnahmen ausgewählter, aber massenhafter Ereignisse gewonnen werden. Die Digitalisierung treibt diese Möglichkeit in ungeahnte Höhen,[83]

---

83 Siehe nur Constanze Kurz und Frank Rieger, *Die Datenfresser. Wie Internetfirmen und Staat sich unsere persönlichen Daten einverleiben und wie wir die Kontrolle darüber zurückerlangen*, Frankfurt am Main 2011; Christoph Kucklick, *Die granulare Gesellschaft. Wie das Digitale unsere Wirklichkeit auflöst*, Berlin 2014.

aber unsere Lebenswelt ist schon immer mit Techniken durchsetzt, die sich zwar nicht als System formiert haben, aber dennoch jede Art von Räumlichkeit und Zeitlichkeit mit Bezugspunkten angereichert haben, die für lebende, neuronale, psychische und soziale Systeme zu neuen Orientierungen geführt haben. Man denke nur an Architektur, Energie, Nahrung und Maschinen aller Art. Die virtuelle Intelligenz dieser Räume, Apparate und Versorgungsmittel steckt nicht in ihrer Materialität, sondern in ihrem Design und muss insofern als ausgelagertes Ergebnis der Erfindung von Architekten, Logistikern, Händlern und Gestaltern gelten, aber das ändert nichts daran, dass sie die der Lebenswelt verfügbare Intelligenz tiefgreifend verändert haben. Insofern ist das aus der Statistik bekannte und vom Maschinenlernen neu aufgegriffene Prinzip der Analyse möglicher Korrelationen von Gegenständen, Ereignissen und Situationen verallgemeinerbar, um jegliche Technisierung der Lebenswelt zu erfassen.

Die Außenseite der Form, s_0, bleibt unmarkiert. Aus der Sicht einer soziologischen Theorie der Lebenswelt virtueller Intelligenzen werden hier nicht mehr die Schöpfung, die Natur oder eine Philosophie der Geschichte, sondern die Evolution eingesetzt. Sie steht im *unwritten cross* dieser Gleichung, weil sie ihrerseits keine Regeln, keine Richtung und keinen Sinn vorgibt, sondern als unbestimmtes und nichtsdestoweniger empirisch höchst prägnantes Ergebnis des bis dato erfolgreichen Spiels der wechselseitigen Anregung selbstreferentieller Systeme zu verstehen ist.

VII

Die These lautet, dass wir es in der Lebenswelt virtueller Intelligenz mit sich wechselseitig konditionierenden Systemen in deren Umwelten zu tun haben, deren Operationen zwischen der Markierung ihrer selbst (Selbstreferenz) und der Wahrnehmung ihrer Umwelt (Fremdreferenz) oszillieren. Mit Luhmann können wir von einer Form sprechen, die ihre eigene Intransparenz kontrolliert.[84]

Virtuelle Intelligenz ist Rekursivität höherer Ordnung. Intelligent ist an ihr eine Verknüpfung, die immer auch eine Problemlösung enthält. Als »power of appropriate selection« hat W. Ross Ashby Intelligenz definiert.[85] Und virtuell ist der Zugriff auf fremde Instanzen und fremde Komplexität, die für den Moment genutzt und wieder losgelassen werden. Wir haben es mit einer Konditionierung von Konditionierungen zu tun, die eine Lebenswelt hervorbringt, die weder als natürlich noch als künstlich zu verstehen ist. Sie ist beides, aber vor allem funktioniert sie. Sie ist das Ergebnis einer organischen, neuronalen, psychischen, sozialen und maschinellen Evolution, deren Variations-, Retentions- und Selektionsmechanismen über das Netzwerk aller Systeme greifen und die Form ihrer Ausgestaltung definieren.

---

84 Luhmann, *Die Kontrolle von Intransparenz*, a.a.O., S. 96-120.

85 Ashby, »What Is An Intelligent Machine?«, a.a.O., S. 295.

NEUE WETTEN AUF KOMPLEXITÄT: GAMES UND GAMIFICATION

I

Games und Gamification sind in aller Munde.[86] Games gelten gegenwärtig nicht zuletzt mit Blick auf die Programmierung sozialer Codes kontingenter Interaktion als eines der aussichtsreichsten Experimentierfelder für die Weiterentwicklung von Künstlicher Intelligenz. Und Gamification ist eine Bewegung der Einführung spielähnlicher Elemente des Wettbewerbs, der Anreize und Belohnung in spielferne Kontexte wie Arbeit, Konsum und Bildung. Im Anschluss an diese Trends kann gefragt werden, wer hier mit wem spielt. Spielt unser hoch irritabler Körper, den die schnell bewegten und geschnittenen Bilder an leuchtenden Bildschirmen einer neuen Form von Reizen aussetzen, denen er lustvoll nachgeht? Spielt unser Gehirn, dessen Hang zur prädiktiven Codierung durch das grafisch gestaltete, räumlich und zeitlich verdichtete Geschehen der Spiele herausgefordert wird? Spielt unser Bewusstsein, dessen freier Wille sich in Spielen, die ihm kaum noch eine Chance geben, zu behaupten sucht? Spielt die Technik, die ihre eigenen Möglichkeiten ausreizt, Körper, Gehirn und Bewusstsein herauszufordern? Oder spielt die

---

86 Ein Überblick: Edward Castronova, *Synthetic Worlds: The Business and Culture of Online Games*, Chicago, IL, 2005.

Gesellschaft, die neue Konstellationen von Körper, Gehirn, Bewusstsein und Technik erforscht und über neuartige Schnittstellen der Interoperabilität Dynamiken auf die Spur kommt, die heterogener, inkommensurabler und dennoch fallweise überraschend synchronisierbarer sind, als man zuvor vermutet hätte?

II

Man kann sich der Bearbeitung dieser Fragen mithilfe der beiden Begriffe »Komplexität« und »Systemreferenz« nähern.

Eine mögliche Definition des Begriffs der Komplexität verweist auf die Einheit einer Vielfalt von Elementen, die aufeinander verweisen, aber nicht aufeinander reduziert werden können.[87] In diesem Sinne sind Schnittstellen zwischen Körper und Gehirn, Gehirn und Bewusstsein, Bewusstsein und Kommunikation sowie zwischen Körper und Technik, Gehirn und Technik, Bewusstsein und Technik und Kommunikation und Technik komplex. Sie setzen die Eigendynamik der beteiligten Systeme voraus und suchen nach einem Design, das diese Eigendynamik auszunutzen und aufeinander zu beziehen erlaubt.

Komplexe Schnittstellen können jedoch nur gestaltet werden, wenn man implizit oder, besser, explizit mit dem

---

[87] Luhmann, »Haltlose Komplexität«, a.a.O., S. 59-76.

Konzept der Systemreferenz arbeitet. Die Angabe von Systemreferenzen erlaubt die Bestimmung von Ereignistypen und deren Vernetzungsmodus. Systeme differenzieren sich in der Sache aus und reproduzieren sich in der Zeit. Sie bestehen aus Ereignissen und können so ihren eigenen Zerfall, das heißt die Notwendigkeit der Suche nach Anschlussoperationen, dafür verwenden, ihre Reproduktion sicherzustellen.[88] Die Angabe von Systemreferenzen bringt einen Beobachter ins Spiel, der nicht die Ereignisse selbst, die in ihrer komplexen Welthaftigkeit unreduzierbar sind, wohl jedoch deren Reproduktion auf Systeme zurechnet, die an ihrer Genese beteiligt sind.

Games und Gamification kann man somit als Modalitäten der komplexen Verschaltung verschiedener Systemreferenzen beschreiben.

III

Entscheidend für das Thema der neuen Wetten auf Komplexität ist daher, nicht nur bis eins zu zählen. Wir haben es nicht nur mit der Biologie der Körper, der Neurologie des Gehirns, der Psychologie und Philosophie des Bewusstseins, der Soziologie der Kommunikation in Gesellschaft oder den Ingenieurwissenschaften, den Computerwissenschaften und der Softwareindustrie zu

---

[88] Luhmann, *Soziale Systeme*, a.a.O.

tun, sondern mit all diesen Wissenschaften und beteiligten Industrien zugleich. Wir zählen mindestens bis fünf und können diese Liste erweitern, wenn wir auch Systemreferenzen auf Organisationen, die in verschiedenen Industrien tätig sind, Ministerien, die verschiedene Entwicklungen fördern oder gesetzlich regeln, und Künstler, die mit eigenen Arbeiten intervenieren, erweitern. Die Phänomene, die uns interessieren, sind Phänomene der Synchronisation ungleichzeitiger Systemoperationen.

IV

Dieser Ausgangspunkt konfrontiert uns mit dem Paradigma einer kulturellen Orientierung im digitalen Zeitalter.[89] Dieses Paradigma ist nicht mehr das einer humanistischen Vernunft, das mit einem bemerkenswerten Interesse an Abweichungen (Marquis de Sade, Karl Marx, Charles Darwin, Friedrich Nietzsche, Sigmund Freud) angenommen hat, das in einem mehr oder minder sich selbst kontrollierenden Bewusstsein die Referenzen auf Körper, Gehirn, Kommunikation und Technik zusammengeführt werden können, sondern es ist das eines technischen Universums, in dem eine Kultur der Komplexität an die Stelle einer Kultur der Vernunft tritt.

---

[89] Dirk Baecker, *4.0 oder Die Lücke die der Rechner lässt*, Leipzig 2018.

Die Neurophysiologie des 19. Jahrhunderts liefert für diese Kultur der Komplexität das Paradigma, weil in ihnen das Konzept der Systemreferenz zwingend geworden ist. Mit dem »Gesetz der spezifischen Sinnesenergien« (Johannes Müller) beziehungsweise »Prinzip der undifferenzierten Codierung« (Heinz von Foerster) wurde die informationelle und operationale Schließung des Gehirns nachgewiesen: Das Gehirn operiert im Modus der Produktion und Reproduktion neuronaler Impulse, die nicht von außen geführt und nicht nach außen abgegeben, sondern nur intern generiert und verarbeitet werden können.[90] Jahrzehntelang wurde diese Entdeckung auf den ersten Seiten einschlägiger Lehrbücher zitiert und im Anschluss nicht weiterverfolgt. Für Nietzsche war sie der Anstoß für die Entwicklung einer fröhlichen Wissenschaft und radikal neuartigen Genealogie der Moral.[91] Die Biologie führte den Neologismus einer »Umwelt« ein, um die Konsequenzen für das Verständnis von Leben, Tier und Mensch auszubuchstabieren.[92] Die allgemeine und soziologische

---

[90]   Johannes Müller, *Handbuch der Physiologie des Menschen für Vorlesungen*, 2 Bde. in drei Teilen, Coblenz 1833, 1834, 1840; von Foerster, *Wissen und Gewissen*, a.a.O.; und vgl. Dirk Baecker, »Neurophysiologie und die Folgen«, in: Hastedt (Hg.), *Macht und Reflexion*, a.a.O., S. 267-283.

[91]   Friedrich Nietzsche, »Über Wahrheit und Lüge im außermoralischen Sinne«, in: Ders., *Werke III*, hg. von Karl Schlechta, Frankfurt am Main 1969S. 309-322.

[92]   Claude Bernard, *Leçons sur la chaleur animale, sur les effets de la chaleur et sur la fièvre*, Paris 1876; Jakob von Uexküll, *Theoretische Biologie*, Berlin 1920.

Systemtheorie verfolgte den Gedanken weiter für die Beschreibung lebender, sozialer und psychischer Systeme.[93]

Komplexe Ereignisse sind das Ergebnis der Verschaltung inkommensurabler Referenzen auf sich selbst organisierende, autopoietische und nicht-triviale Systeme, die strukturdeterminiert ihre Grenzen zur Umwelt ziehen und laufend reproduzieren, Ereignisse aus ihren Ereignissen produzieren und für jede Anschlussentscheidung ihre eigenen Zustände abfragen.

Drei Definitionen bringen dieses Paradigma einer Kultur der Komplexität vor dem Hintergrund einer Struktur multipler Systemreferenzen auf den Punkt:[94]

»We maintain that there are systems that are defined as unities as networks of production of components that (1) recursively, through their interactions, generate and realize the network that produces them, and (2) constitute, in the space in which they exist, the boundaries of this network as components that participate in the realization of the network. Such systems we have

---

[93] Von Foerster, *Wissen und Gewissen*, a.a.O.; Humberto R. Maturana und Francisco J. Varela, *Autopoiesis and Cognition: The Realization of the Living*, Dordrecht 1980; Talcott Parsons, *The Social System*, New York 1951; Luhmann, *Soziale Systeme*, a.a.O.; ders., »Die Autopoiesis des Bewußtseins«, a.a.O., S. 402-446.

[94] Siehe auch die bündige Zusammenfassung der »Folgen operativer Schließung«, in: Luhmann, *Die Politik der Gesellschaft*, Berlin 2000, S. 107ff.; sowie ders., *Die Kontrolle von Intransparenz*, a.a.O.

called autopoietic systems, and the organization that defines them as unities in the space of their components, the autopoietic organization.«[95]

»Nicht-triviale Maschinen sind
1. synthetisch deterministisch,
2. geschichtsabhängig,
3. analytisch indeterminierbar und
4. unvorhersagbar.«[96]

»Wir haben es mit einem Zusammenhang mehrerer Variablen zu tun, die sich, oberflächlich gesehen, widersprechen, nämlich als Einheit von (1) selektiver Verknüpfung der Elemente, (2) Bindung freier Energien aus anderen Realitätsschichten durch Interpenetration, (3) ständige sofortige Wiederauflösung der Verknüpfung und der Bindung, (4) Reproduktion der Elemente auf Grund der Selektivität aller verknüpfenden und bindenden Relationen, und (5) Fähigkeit zur Evolution im Sinne einer abweichenden Reproduktion, die Möglichkeiten der Neuselektion eröffnet. Ein solches System hat kein zeitfestes Wesen. Es ist auch nicht nur in dem Sinne der Zeit ausgesetzt, daß es sich anpassen und gegebenenfalls Strukturen ändern muss. Nicht einmal

---

[95] Humberto R. Maturana, »Autopoiesis«, in: Milan Zeleny (Hg.), *Autopoiesis: A Theory of Living Organizations*, New York 1981, S. 21-32, hier: S. 21f.

[96] Von Foerster, *Wissen und Gewissen*, a.a.O., S. 251.

die Austauschbarkeit der Elemente (davon war die Theorie der Autopoiesis im Hinblick auf Makromoleküle bzw. Zellen ausgegangen) erfaßt den Zeitbezug radikal genug. Handlungssysteme benutzen die Zeit, um ihre kontinuierliche Selbstauflösung zu erzwingen; sie erzwingen ihre kontinuierliche Selbstauflösung, um die Selektivität aller Selbsterneuerung sicherzustellen; und sie benutzen diese Selektivität, um die Selbsterneuerung selbst zu ermöglichen in einer Umwelt, die kontinuierlich schwankende Anforderungen stellt.«[97]

Das Paradigma selbstreferentieller Systeme hat sich in den Kognitionswissenschaften für die Beschreibung lebender, sozialer und psychischer Systeme bewährt.[98] In Frage steht, wann mit einer selbstreferentiellen Schließung technischer Systeme zu einem ihrerseits nicht-trivialem Operationsmodus zu rechnen ist.

V

Eine Konsequenz des aus der Neurophysiologie übernommenen und verallgemeinerten Paradigmas ist, dass keines der genannten Systeme direkt und somit anschau-

---

[97] Luhmann, *Soziale Systeme*, a.a.O., S. 394.

[98] Varela, *Kognitionswissenschaft – Kognitionstechnik*, a.a.O.; ders., *Ethisches Können*, Frankfurt am Main, 1994; Niklas Luhmann u.a., *Beobachter: Konvergenz der Erkenntnistheorien?*, München 1990.

lich beobachtbar ist. Selbstreferenz ist prinzipiell nicht beobachtbar. Sie kann aus der Beobachtung der Produktion und Reproduktion von Ereignissen nur erschlossen werden. Zwangsläufig kommt hier der Beobachter ins Spiel, dem eine eigene, unter Umständen psychische (als Bewusstsein) oder soziale (als wissenschaftliche Diszplin, unternehmerische Organisation, Künstlergruppe…) Referenz zugrunde liegt. Der Beobachter riskiert seine eigene Produktion und Reproduktion, indem er auf eine bestimmte Komplexität der Produktion und Reproduktion von Ereignissen, die er bestimmten Systemreferenzen zurechnet, wettet.

Gegenwärtig sind zwei oder drei Beobachter besonders interessant, die im Feld der Games und der Gamification Ereignisse beobachtbar und gestaltbar zu machen versuchen. Diese Beobachter orientieren sich ihrerseits an Beobachtern, die im selben (oder ähnlichen) Feld unterwegs sind, so dass Beobachtungen von Beobachtungen der Modus sind, in dem die Dynamik der Games und der Gamification erprobt und ausgestaltet wird. Eine wissenschaftliche Beobachtung, wie sie im vorliegenden Thesenpapier skizziert wird, operiert ihrerseits im Modus der Beobachtung zweiter Ordnung, nämlich der Beobachtungen von Beobachtungen, die im Feld als Beobachtungen von Beobachtungen vorgenommen werden. Das addiert sich nicht zu einer Beobachtung dritter Ordnung, weil die wissenschaftliche Beobachtung die Beobachtung zweiter Ordnung im Gegenstandsfeld ihrerseits nur in seltenen

Fällen rekonstruiert, sondern in ihren Resultaten gleichsam beim Wort nimmt.

Diese drei Beobachter sind die Spieleentwickler, die Manager und Berater, die Verfahren der Gamification einsetzen, und die Kunst. Spieleentwickler sind an einer technologischen Entwicklung interessiert, die die Interaktion mit dem Nutzer/Spieler als entscheidende intervenierende Variable in den Blick nimmt.[99] Dabei stellt sich heraus, dass das Spiel Modalitäten der verkörperten Handlung, Erfahrung und Kontrolle in Rechnung stellen muss, die dem Spieler zugerechnet, an der Schnittstelle registriert und protokolliert und im Spiel berechenbar gemacht werden müssen. Manager und Berater reflektieren die ermüdenden Routinen von Organisationen und suchen nach Formen, in denen die Dynamik »rivalisierender Imitation«[100] unter Mitarbeitern, Konsumenten, Wählern etc. für Entscheidungen aller Art fruchtbar gemacht werden kann. Und Künstler, spezialisiert auf die Beobachtung von unwillkürlichen Wahrnehmungsroutinen, mit denen Menschen sich an Tradition, Konvention und Institutionen binden, brechen Formen der selbstverständlichen Reproduktion von Ereignissen auf und schmuggeln neue, verfremdende Ereignisse in die Wahrnehmungsabläufe hinein, die sowohl auf so noch nicht gesehene Abläufe als auch auf

---

[99] Vgl. Kasper Hornbæk und Antti Oulasvirta, »What Is Interaction?«, in: *Proceedings of the 2017 CHI Conference on Human Factors in Computing Systems*, New York 2017, S. 5040-5052.

[100] Im Sinne von Girard, *Das Heilige und die Gewalt*, a.a.O.

eigene Wahrnehmungsgewohnheiten, wenn nicht sogar auf den aktiv-herstellenden, »performativen«, den Betrachter selbst mit-definierenden und festlegenden Modus der Wahrnehmung selbst aufmerksam machen.[101]

Mit einem Begriff von Michel Serres kann man diese drei Beobachter wie auch den wissenschaftlichen Beobachter sowie jeden Spieler als »Parasiten« einer neu konstituierten Komplexität begreifen.[102] Dieser Begriff macht seinerseits auf eine Facette der komplexen Verschaltung von Systemreferenzen aufmerksam, die in einem zirkulären und daher ambivalenten Wirt/Gast-Verhältnis zu denken ist und so auf eine wiederum prinzipielle Relationalität von Handlung und Erleben in diesem Feld und auf anderen Feldern aufmerksam macht.

VI

An dieser Stelle der Argumentation müsste die Beobachtung konkreter Games und konkreter Verfahren der Gamification eingebaut werden. Das kann ich hier nicht leisten. Stattdessen schließe ich mit der These, dass im kulturellen Paradigma der Komplexität implizite und explizite Wetten auf eine kognitive Hegemonie abgeschlossen werden. Jede konkrete App ist sowohl eine Wette dieser Art als

---

[101] Dirk Baecker, »Zu Funktion und Form der Kunst«, in: Ders., *Wozu Gesellschaft?*, Berlin 2007, S. 315-343.

[102] Serres, *Der Parasit*, a.a.O.

auch ein Wetteinsatz, der gewonnen und verloren werden kann. Die Systemforschung der vergangenen Jahrzehnte kann eine Reihe inhaltlicher Aussagen über die beteiligten Systeme treffen, die darauf hinauslaufen, ein Game als ein Spiel zwischen irritablem Körper, prädiktivem Gehirn, distanziertem Bewusstsein und minimal inauthentischer Kommunikation zu beschreiben, in dem jede der beteiligten Systemreferenzen einschließlich der App als ein Versuch zu verstehen ist, den eigenen Modus als »Wirt« unter Kontrolle zu halten und als »Gast« hinreichend souverän zu machen.

Das ist die Paradoxie, die von jedem der beteiligten Systeme entfaltet wird: Es ist der eigene Modus der Abhängigkeit im System/Umwelt-Verhältnis, die die Grundlage einer angestrebten Unabhängigkeit ist. Weil der Körper irritierbar ist, so die Erkenntnis der Medizin an der Schwelle zur Entwicklung der Neurophysiologie,[103] sucht er seine Freiheit im Umgang mit Irritationen. Weil das Gehirn prädiktiv strukturiert ist, sucht es nach Reizen, die es so noch nicht vorhergesehen hat.[104] Weil das Bewusstsein sich faszinieren lässt, sucht es nach redundanten Mustern, deren Erkenntnis ihm Distanz erlaubt.[105] Und

---

[103] Boschung, »Irritabilität, Reizbarkeit«, a.a.O., S. 681-682.

[104] Jakob Hohwy, *The Predictive Mind*, Oxford 2014; vgl. Baecker, *Neurosoziologie*, a.a.O.

[105] Georg Simmel, »Die Großstädte und das Geistesleben«, in: Ders., *Gesamtausgabe, Bd. 7: Aufsätze und Abhandlungen 1901-1908*, Bd. I, Frankfurt am Main 1995, S. 116-131.

weil jede Gesellschaft zwangsläufig Handeln und Erleben überdeterminiert, sucht jede soziale Situation nach einer »maximal möglichen Reduktion von Nicht-Authentizität«,[106] um eine Identität gewinnen zu können, die nicht nur von außen kontrolliert ist, sondern auch eine eigene Kontrolle erlaubt.[107]

Es liegt auf der Hand, dass jedes System und jeder Akteur, die hier im Spiel sind, ihre Wetten nur gewinnen können, wenn alle anderen ihre Wetten auch gewinnen. Das Spiel bleibt ambivalent unbestimmt und nur dann läuft das Spiel.[108] Verliert auch nur eines der beteiligten Systeme die Kontrolle, entstehen die bekannten Phänomene der Sucht (Körper und Gehirn), der rastlosen Erschöpfung (Bewusstsein), der Isolation (Kommunikation) und der Langeweile (Technik). Diese Phänomene definieren, welche Zustände vermieden – vielleicht: minimal vermieden – werden müssen, um das Spiel am Laufen und die Wetteinsätze interessant zu halten.

---

[106] Richard Jung, *Experience and Action: Selected Items in Systems Theory*, Wien 2007, S. 205.

[107] White, *Identity and Control: A Structural Theory of Action*, a.a.O.

[108] Am Beispiel des Wettbewerbssports: Eric A. Leifer, *Making the Majors: The Transformation of Team Sports in America*, Cambridge, MA 1995.

I

Möglicherweise war der Begriff nicht glücklich gewählt, aber Henri Bergsons Verständnis der Intuition als philosophische Methode trifft einen entscheidenden Punkt.[109] Der Mensch versteht sich nicht, wenn er nicht den kognitiven Prozessen nachgeht, die Organismus, Gehirn, Bewusstsein, Sprache und Gesellschaft weniger verknüpfen als vielmehr trennen und unbestimmt aufeinander beziehen. Es geht um Vorgänge von einer trügerischen Einfachheit, so Bergson, denen man nicht durch das Studium philosophischer Texte, sondern nur dadurch auf die Spur kommt, dass man die Welt der Objekte und die Welt des Körpers in ihrer Mannigfaltigkeit ernst nimmt und zueinander in ein Verhältnis setzt, das schon deswegen als intuitiv gelten muss, weil kein überlieferter Begriff die Sache trifft. Der Begriff der Intuition hilft hier nur deswegen weiter, weil er die Unmittelbarkeit der Anschauung (lat. *intuitio*) mit der

---

[109] Vgl. Henri Bergson, »L'intuition philosophique«, in: *Revue de Métaphysique et de Morale* 19, 6 (1911), S. 809-827; ders., *Matière et mémoire: Essai sur la relation du corps à l'esprit*, Paris 1896; vgl. Gilles Deleuze, *Le bergsonisme*, Paris 1966, sowie eher kritisch Pierre-Alexandre Fradet, »Auscultation d'un cœur battant: l'intuition, la durée et la critique du possible chez Bergson«, in: *Laval théologique et philosophique* 67, 3 (2011), S. 531-552, sowie ausführlicher zur Kritik der Unmittelbarkeit ders., *Derrida–Bergson: Sur l'immédiateté*, Paris 2014.

Genauigkeit des Hinsehens (lat. *intueri*) verbindet und somit in der Tat methodisch davon ausgeht, dass es in der jeweiligen Gegenwart eines kognitiven Akts hochgradig differenzierte und vermittelnde Prozesse zu entdecken gibt. In der Tradition hatte man dafür den Begriff der *divinatio*, der göttlichen oder magischen Zeichen, die ebenso evident wie schwierig zu entschlüsseln sind.[110] Mit dem 19. Jahrhundert treten die Neurowissenschaften an die Stelle der Theologie und Philosophie.

Bei Friedrich Nietzsche findet man in seiner berühmten Rede über »Wahrheit und Lüge im außermoralischen Sinne« dieselbe erste Einsicht. Nichts als Metaphern stelle uns die Sprache bereit, um kognitive Vorgänge zu beschreiben, die verschiedene Systemreferenzen, wie wir heute sagen, übergreifen:

»Ein Nervenreiz, zuerst übertragen in ein Bild! Erste Metapher. Das Bild wird nachgeformt zu einem Laut! Zweite Metapher. Und jedesmal vollständiges Überspringen der Sphäre, mitten hinein in eine ganz andre und neue.«[111]

Der intuitive Mensch ist hier derjenige, der diesen Vorgängen vertraut und misstraut zugleich, der zum einen die

---

[110] Siehe Peter T. Struck, *Divination and Human Nature: A Cognitive History of Intuition in Classical Antiquity*, Princeton, NJ 2016.

[111] Nietzsche, »Über Wahrheit und Lüge im außermoralischen Sinne«, a.a.O., S. 1017-1030, hier: S. 1020.

Metaphernwelt bewundert, die auf so unzuverlässigem Boden steht, und ihr zum anderen den Boden unter den Füßen wegzieht:

> »Man darf hier den Menschen wohl bewundern als ein gewaltiges Baugenie, dem auf beweglichen Fundamenten und gleichsam auf fließendem Wasser das Auftürmen eines unendlich komplizierten Begriffsdoms gelingt – freilich, um auf solchen Fundamenten Halt zu finden, muß es ein Bau wie aus Spinnefäden sein, so zart, um von der Welle mit fortgetragen, so fest, um nicht von jedem Wind auseinandergeblasen zu werden.«[112]

Und weiter:

> »Nur durch das Vergessen jener primitiven Metaphernwelt, nur durch das Hart- und Starrwerden einer ursprünglichen, in hitziger Flüssigkeit aus dem Urvermögen menschlicher Phantasie hervorströmenden Bildermasse, nur durch den unbesiegbaren Glauben, diese Sonne, dieses Fenster, dieser Tisch sei eine Wahrheit an sich, kurz nur dadurch, daß der Mensch sich als Subjekt, und zwar als künstlerisch schaffendes Subjekt, vergißt, lebt er mit einiger Ruhe, Sicherheit und Konsequenz: wenn er einen Augenblick nur aus den Gefängniswänden dieses Glaubens herauskönnte, so

---

[112] Ebd., S. 1023.

wäre es sofort mit seinem ›Selbstbewußtsein‹ vorbei.«[113]

Zwischen diesen Sphären, zwischen den Welten des Subjekts und den Welten des Objekts,

> »gibt es keine Kausalität, keine Richtigkeit, keinen Ausdruck, sondern höchstens ein ästhetisches Verhalten, ich meine eine andeutende Übertragung, eine nachstammelnde Übersetzung in eine ganz fremde Sprache: wozu es aber jedenfalls einer frei dichtenden und frei erfindenden Mittelsphäre und Mittelkraft bedarf.«[114]

Die bündige Zusammenfassung dieses Gedankens im Zarathustra lautet:

> »Aber ein anderes ist der Gedanke, ein anderes die Tat, ein anderes das Bild der Tat. Das Rad des Grundes rollt nicht zwischen ihnen.«[115]

Heinz von Foerster wird die Formulierung später aufgreifen und davon sprechen, dass zwischen den Bäumen, die ich sehe, meinem Gehirn, das die Wahrnehmung erarbeitet, meinem Bewusstsein, das ich höchst begrenzt von

---

[113] Ebd., S. 1024.

[114] Ebd., S. 1025.

[115] Friedrich Nietzsche, »Also sprach Zarathustra«, in: Ders., *Werke II*, hg. von Karl Schlechta, Berlin 1969, S. 275-561, hier: S. 304.

diesen Vorgängen habe, und der Sprache, die mir die Bäume zu benennen erlaubt, kein »Rad der Abbildung« rollt.[116]

Um diese Unvergleichbarkeit der Sphären ging es auch Bergson. Was in der Intuition unmittelbar zusammenkommt und sich der Analyse dieser Intuition methodisch erschließt, ist die Differenz physischer, organischer, neuronaler, mentaler und sozialer Vorgänge. Von der Unbestimmtheit ihrer Verknüpfung müsse man, so Bergson, ausgehen: »Partons donc de cette indétermination comme du principe véritable,«[117] betrachten wir die Menschen als Unbestimmtheitszonen (»centres d'indétermination«),[118] in denen zwischen Wahrnehmung und Gedächtnis, den Dingen und unserem Bild der Dinge, immer wieder neu und ebenso selektiv wie für den Moment treffend vermittelt wird.

II

Das Prinzip der Kausalität wird damit nicht verabschiedet, sondern seinerseits multipliziert. Zwischen den Sphären gibt es kausale Vorgänge physischer Art in Hülle und Fülle, doch nicht die Vielfalt von Ursachen und Wirkungen ist der Schlüssel zur Erklärung kognitiver Vorgänge, sondern

---

[116] Heinz von Foerster, *Der Anfang von Himmel und Erde hat keinen Namen: Eine Selbsterschaffung in 7 Tagen,* hg. von Albert Müller und Karl H. Müller, Berlin 2002, S. 109.

[117] Bergson, *Matière et mémoire*, a.a.O., S. 27.

[118] Ebd., S. 33.

die Unterbrechung durchgreifender Kausalität durch Systemgrenzen und die Setzung eigener sowie die Auswahl dazu passender Kausalität. Das Bewusstsein, das sich am methodischen Leitfaden der Intuition selbst erforscht, stößt nicht auf das seiner selbst noch im Zweifel gewisse »cogito« des René Descartes, weil gar nicht gewiss wäre, auf welches Ich sich dieses »ich denke« bezieht, sondern allenfalls auf das seine Vermögen der Vernunft, des Verstandes und des Urteils kritisch überprüfende Subjekt des Immanuel Kant. Bergsons methodischer Kniff ist, an die Stelle sowohl des Ichs wie auch der Kritik zunächst einmal die Dauer zu setzen. Während die Intuition ihre eigenen Bedingungen nicht mehr transzendental, sondern physikalisch, biologisch, neurologisch, phänomenologisch und soziologisch erforscht, stößt sie auf die Dauer »natürlicher« Vorgänge, die, so unbestimmt sie differenziert sind, dennoch eine Zeit in Anspruch nehmen, die über den intuitiv jeweils erfassten Moment hinausgeht. »C'est notre durée qui pense«, schreibt Paul Virilio im Anschluss an Bergson, die erste Produktion des Bewusstseins sei seine eigene Geschwindigkeit und diese Geschwindigkeit sei seine kausale Idee vor jeder Idee.[119]

Inmitten der Dauer geht es um den Gewinn von Differenz und Autonomie und diese Differenz und Autonomie sind der Grund der Dauer. Die Intuition stößt auf Zeitverhältnisse, die Abhängigkeit und Unabhängigkeit zugleich

---

[119] Paul Virilio, *Ästhetik des Verschwindens*, Berlin 1986, S. 25.

motivieren. Kognitive Vorgänge können nur Vorgänge in der Zeit sein; sie setzen die Gleichzeitigkeit der Sphären, die sie unbestimmt überspringen, voraus. Zugleich jedoch hat jede dieser Sphären ihre eigene Zeit. Nichts garantiert, dass physische Reize, neuronale Impulse, bewusste Vorstellungen und sprachlicher Ausdruck irgend im Gleichtakt geschehen. Im Gegenteil, alles spricht dafür, dass ihre unterschiedlichen Zeiten, ihr unterschiedlicher Takt die Voraussetzung dafür sind, dass in jeder Sphäre auf ihre Weise verarbeitet werden kann, was sie aus anderen Sphären an Irritationen erreicht. Irritabilität ist daher das Mindeste, was die Dauer zu bieten hat. Die Neurowissenschaften als Wissenschaft von den Nerven beginnt mit der Entdeckung von Irritabilität.[120]

Ein weiteres Moment kommt hinzu. Intuition ebenso wie ihre methodische Erforschung setzen jene Form von Negativität voraus, die bei aller Selektivität der Verarbeitung von Reiz, Impuls, Gedanke und Wort diese Selektivität selbst im Blick behält. Das war bereits Aristoteles aufgefallen. Zu jeglicher Form kommt eine Materie nur dann, wenn auf beiden Seiten Bestimmtheit nicht nur fehlt, sondern negiert (*stéresis*) und nur so im Wechselspiel aller Prozesse ergänzt werden kann.[121] Das ist eine Negativität, die nicht auf Opposition oder gar Antinomie, sondern auf

[120] Siehe Boschung, »Irritabilität, Reizbarkeit«, a.a.O., S. 681-682.
[121] Aristoteles, *Physik*, 2 Bde., hg. v. Hans Günter Zekl, Hamburg 1987, 191a.

Reflexion abstellt, auf den Unterschied, der gesetzt werden muss, um ihn auch wieder aufheben zu können.[122]

Spätestens hier ist es jedoch erforderlich, mit unseren Überlegungen in einen anderen Gang zu schalten und nicht mehr von Sphären, sondern von Systemreferenzen zu sprechen, um genauer angeben zu können, welche Adressen an kognitiven Vorgängen beteiligt sind, und zugleich den hypothetischen Status dieser Überlegungen zu unterstreichen. Bisher habe ich von der physischen Welt der Objekte, von Organismus, Gehirn, Bewusstsein, Sprache und Gesellschaft gesprochen. Sicherlich kommt inzwischen die Technik hinzu. Damit sind zum Verständnis kognitiver Vorgänge Referenzen auf lebende, neuronale, mentale, soziale und technische Systeme aufgerufen und man müsste die gesamte Biologie, Neurologie, Psychologie, Soziologie und Informatik heranziehen, um einen kognitiven Prozess, sei er intuitiv oder nicht, untersuchen und beschreiben zu können. Bergson und Nietzsche waren beide genaue Leser des aktuellen Stands der Neurowissenschaften ihrer Zeit und wir müssten dies entsprechend fortsetzen.

Das können wir hier nicht leisten.[123] In Frage steht stattdessen, ob uns das Phänomen der Intuition und der intuitive Zugang zu diesem Phänomen weiterhelfen. Intuition, so der

---

[122] Etwa im Sinne von Niklas Luhmann, »Über die Funktion der Negation in sinnkonstituierenden Systemen«, in: Ders., *Soziologische Aufklärung 3*, a.a.O., S. 35-49.

[123] Siehe Baecker, *Neurosoziologie* a.a.O.; ders., »Neurophysiologie und die Folgen«, a.a.O., S. 267-283.

aktuelle Erkenntnisstand, beruht auf der Möglichkeit, Lernprozesse automatisiert abzurufen.[124] Wenn man an einem »transzendentalen« Erklärungsmodell festhalten will, könnte man die Intuition als die Bedingung der Möglichkeit von Expertise fassen.[125] Das heißt meines Erachtens nicht, dass uns die Intuition ein A-priori-Wissen über eine aller Erfahrung vorausliegende Wirklichkeit erschließt,[126] ist aber mit der Annahme kompatibel, dass das intuitive Wissen die jeweils bewusst verfügbaren Informationen »transzendiert«.[127] Wenn wir nicht nur bis eins zählen, das heißt kognitive Prozesse nicht komplett dem Gehirn, dem Bewusstsein *oder* der Gesellschaft überlassen, sondern deren Differenz und Zusammenspiel überantworten, ist das intuitive Urteil ein Urteil, in dem neuronale Mustererkennung ebenso eine Rolle spielt wie organische Erfahrung, mentale Aufmerksamkeit und gesellschaftliche Sozialisation. Die »Transzendenz« referiert auf die jeweils nicht bewusst erfahrenen, aber vorauszusetzenden Lernerfahrungen.

---

[124] So Andreas Glöckner und Cilia Wittemann, »Foundations for Tracing Intuition: Models, Findings, Categorizations«, in: Andreas Glöckner (Hg.), *Foundations for Tracing Intuition: Challenges and Methods*, Hove 2010, S. 1-23.

[125] So Allard C. R. van Riel und Csilla Horváth, »Conceptualizing Intuition as a Mental Faculty: Toward a ›Critique of Intuitive Reason‹ and a Process Model of Intuition«, in: Marta Sinclair (Hg.), *Handbook of Research Methods on Intuition*, Cheltenham 2014, S. 42-56.

[126] So jedoch Elijah Chudnoff, *Intuition*, Oxford 2013, unter Missachtung der von Bergson vorgeschlagenen Methode.

[127] So Gerd Gigerenzer, *Bauchentscheidungen: Die Intelligenz des Unbewussten und die Macht der Intuition*, München 2007, S. 49.

Das aber bedeutet, dass es der »Plan« des Menschen insgesamt ist, der in Rechnung zu stellen ist, wenn Intuition verstanden werden soll.[128] Der Plan referiert darauf, dass zum einen jede Systemreferenz ihre Autonomie voraussetzt und das Verhältnis jeder Systemreferenz zu einer anderen Systemreferenz nur als »orthogonal«, also als kausal nicht reduzierbar, verstanden werden kann, zum anderen jedoch und auf dieser Grundlage eine Abhängigkeit der unabhängigen Systeme voneinander etabliert ist. Plan heißt nicht, dass irgendjemand irgendetwas mit dem Menschen vorhat, sondern Plan heißt, dass die wechselseitige Abhängigkeit der unabhängigen Systeme im Sinne ihrer Angewiesenheit auf eine wechselseitige Ergänzbarkeit (Anregung und Beruhigung von Irritabilität) zu den Voraussetzungen des menschlichen Lebens zählt. Dieser Plan ist das immer wieder neu erarbeitete Produkt der Bestimmung von Unbestimmtheit, der Abarbeitung von Negativität, der unbemerkt mitlaufenden Reflexion aller Systeme aufeinander, auch »Kultur« genannt.[129]

---

[128] »Plan« im Sinne von Jakob von Uexküll, *Theoretische Biologie*, a.a.O., S. 151ff., 292ff. et passim.

[129] Im Sinne von Bronislaw Malinowski, *Eine wissenschaftliche Theorie der Kultur und andere Aufsätze*, Frankfurt am Main 2005.

III

Im intuitiven Urteil spricht eine durch Lernprozesse erworbene Erfahrung, die als implizites Wissen meinem Körper, meinem Gehirn und meiner sozialen Orientierung, allenfalls rudimentär meinem Bewusstsein zur Verfügung steht, und von sozialen Systemen nur in der Form einer wiederum intuitiven Unterstützung oder Ablehnung verstärkt oder abgeschwächt werden kann.[130] Wenn wir einen weiteren Gang höher schalten und auch in Fragen der sozialen Orientierung nicht nur bis eins, nicht nur bis zur Gesellschaft zählen, sondern Referenzen auf verschiedene soziale Systeme in Rechnung stellen, kommen wir verschiedenen Formen des intuitiven Urteils näher und verliert sich endgültig der Eindruck, Intuition habe etwas mit der unmittelbaren Evidenz einer Wahrheit zu tun. Intuition, so stellt sich heraus, ist das Ergebnis verschiedener sozialer Versuchsanordnungen in der wechselseitigen Positionierung von Körper, Gehirn, Bewusstsein und Gesellschaft. Ludger Schwarte spricht mit Blick auf die Rolle der Intuition in der Kunst von einer »Erwirkung aus Lücken«,[131] nämlich einer hoch anspruchsvollen Konstellation der im Kunstwerk gebündelten und kommunizierten Wahrnehmung im Verhältnis zur gesellschaftlich konventionalisierten Wahrnehmung.[132]

---

[130] Vgl. Michael Polanyi, *Implizites Wissen*, Frankfurt am Main 1985.

[131] Ludger Schwarte, *Die Regeln der Intuition: Kunstphilosophie nach Adorno, Heidegger und Wittgenstein*, München 2000, S. 262.

[132] Siehe auch Baecker, »Zu Funktion und Form der Kunst«, a.a.O.,

Tatsächlich gilt dies für jedes soziale System. Jedes soziale System sucht sich im Verhältnis zu Organismus, Gehirn, Bewusstsein und Gesellschaft die Lücken, aus denen heraus eine spezifische Funktion für eine oder mehrere dieser Adressen erfunden und bedient werden kann. Aus dieser Funktion gewinnt das soziale System sein Profil und seine Differenz, und solange sie bedient werden kann, reproduziert sich das soziale System.

Soziale Systeme, so meine Hypothese, unterscheiden sich im Profil, mit der ihre Elemente auf Elemente in Systemen in der Umwelt sozialer Systeme zurückgreifen. Diese Elemente in Systemen in der Umwelt sozialer Systeme sind die Aufregungen/Beruhigungen des Körpers, die Impulse des Gehirns und die Vorstellung des Bewusstseins, die sich ihrerseits aufeinander beziehen, ohne untereinander anders als durch die Situation und deren Biographie in der Geschichte des Körpers, des Gehirns und des Bewusstseins koordiniert zu sein. Diese Elemente in der Umwelt sozialer Systeme hat Niklas Luhmann als das »Gedächtnis« sozialer Systeme beschrieben.[133] Jedes soziale System greift auf sie zu, ohne über sie verfügen zu können, und bezieht daraus (aus dem Zugriff eher als aus den Elementen) die Evidenz seiner Wirklichkeitskonstruktionen. Intuition ist dann die Art und Weise, wie das Bewusst-

---

S. 315-343.

[133] Niklas Luhmann, »Zeit und Gedächtnis«, in: *Soziale Systeme 2* (1996), S. 307-330 (wieder abgedruckt in: Ders., *Die Kontrolle von Intransparenz*, a.a.O., S. 65-95).

sein die in jedem einzelnen Fall überraschende, weil unvorhersehbare Koordination von körperlichen Zuständen, neuronalen Antizipationen[134] und sozialer Orientierung erlebt. Das intuitive Urteil ist das unwahrscheinliche Ergebnis einer in der soziokulturellen Evolution getesteten, einstudierten, immer wieder variierten Kompetenz der Abstimmung von Körper, Gehirn und Bewusstsein mit bestimmten Formen der sozialen Orientierung. Plastizität ist die andere Seite der Irritation.[135]

Man weiß, dass Körper, Gehirn und Bewusstsein in verschiedenen Geschwindigkeiten getaktet sind, auch wenn die Details unklar sind und kulturelle Unterschiede noch kaum erforscht sind.[136] Man weiß auch, dass soziale Systeme nicht nur in unterschiedlichen Geschwindigkeiten, oder besser: in unterschiedlich getakteten rekursiven Frequenzen, operieren, sondern dass jedes einzelne System verschiedene Geschwindigkeiten der Vernetzung kurz-, mittel- und langfristiger Erwartungen differenziert und integriert.[137] Weiterführende Forschung fehlt jedoch. Man

---

[134] Im Sinne der These des neuronalen *predictive coding*. Siehe etwa Frith, *Making Up the Mind*, a.a.O.

[135] Siehe Humberto R. Maturana, »The Organization of the Living: A Theory of the Living Organization«, in: *The International Journal of Man-Machine Studies* 7 (1975), S. 313-332.

[136] Siehe nur Daniel C. Dennett, *Brainchildren: Essays in Designing Minds*, Cambridge, MA 1998, und für einen Versuch der Anwendung auf »Instrumente« der Intuition ders., *Intuition Pumps and Other Tools for Thinking*, New York 2014.

[137] Siehe für den Fall von Organisationen Peter Clark, »Chronological Codes and Organizational Analysis«, in: John Hassard und Denis

unterscheidet die »langsame« Politik von der »schnellen« Finanzwirtschaft, die »Langlebigkeit« der meisten Familien von der »Kurzlebigkeit« der meisten Organisationen. Man weiß, dass die Komplexität der Wirtschaft entscheidend an der Differenz langfristiger Investitionen, mittelfristiger Konsummuster und kurzfristiger Finanzierungsbereitschaften hängt. Aber Untersuchungen zum Verhältnis von Apokalypse und Beichte in der Religion, von Forschungsideen und Paradigmenwechsel in der Wissenschaft, von Liebe und Ehe in der Familie, von positiver Rechtsetzung und Gerechtigkeitsempfinden im Recht, von Stil und ästhetischer Innovation in der Kunst usw. usf. unter strikt temporalen Gesichtspunkten sind selten.[138] Es wäre ein eigenes Forschungsprojekt, die verfügbare Literatur unter diesen Gesichtspunkten auch nur zu sichten.

Ich beschränke mich daher hier auf die Formulierung einer Untersuchungshypothese. Diese Hypothese lautet, dass soziale Systeme zwischen Interaktion, Organisation und Gesellschaft – oder allgemeiner: zwischen Kritik, Programmierung und Codierung[139] – als Experimente sozia-

---

Pym (Hg.), *The Theory and Philosophy of Organisations: Critical Issues and New Perspectives*, London 1990, S. 137-163.

[138] Ausnahme: Arbeitszeitstudien spätestens seit Karl Bücher, *Arbeit und Rhythmus*, Leipzig 1899; Max Weber, »Zur Psychophysik der industriellen Arbeit«, in: Ders., *Gesammelte Aufsätze zur Soziologie und Sozialpolitik*, Tübingen 1924, S. 61-255.

[139] Vgl. Dirk Baecker, »Wahr ist nur, dass alles falsch ist: Zur Kritik in der nächsten Gesellschaft«, in: Kolja Möller und Jasmin Siri (Hg.), *Systemtheorie und Gesellschaftskritik: Perspektiven der kritischen Systemtheorie*, Bielefeld 2016, S. 223-241.

ler Orientierung verstanden werden können, die auf eine jeweils unterschiedliche Korrelation und Konstellation von Körper, Gehirn und Bewusstsein setzen, um Intuition, das heißt vermittelte Unmittelbarkeit in der Urteilserfindung, sowohl zu ermöglichen als auch zu erschweren. Denn es kommt auf beides an, beziehungsweise, zusammengefasst, es kommt darauf an, dass intuitive Urteile intuitiv als brauchbar oder unbrauchbar eingeschätzt werden können. Entscheidend ist in jedem Fall, so meine Hypothese, die Formatierung der Differenz organischer, neuronaler, mentaler und sozialer Taktung derart, dass deren Inkommensurabilität für eine wechselseitige Überprüfung von Anschlussoperationen genutzt werden kann. Es sind die Lücken der Koordination, in denen die Intuition wurzelt, und es sind diese Lücken, die für die Formbildung des intuitiven Urteils genutzt werden.

Vermittelt über symbiotische Mechanismen wie Bedürfnis, Begehren, Gewalt, Wahrnehmung, Sexualität, aber auch den Kult, die Stadt, die Organisation und nicht zuletzt die Technik greifen soziale Systeme auf unterschiedliche Konstellationen von Körper, Gehirn, Bewusstsein und sozialer Orientierung zurück, um zum einen Konventionen etablieren und zum anderen intuitive Urteile im Umgang mit Unterbrechungen, Störungen, Herausforderungen und Erwartungen zu ermöglichen.[140] In der Regel, so würde

---

[140] Siehe zu symbiotischen Mechanismen Niklas Luhmann, »Symbiotische Mechanismen«, in: Otthein Rammstedt (Hg.), *Gewaltverhältnisse und die Ohnmacht der Kritik*, Frankfurt am Main 1974, S. 107-

ich vermuten, eilt das Gehirn voraus, hinkt das Bewusstsein hinterher, gleicht der Körper aus und stützt sich die Kommunikation auf Muster, die sich in diesem Verhältnis etablieren. Jedes Timing lebt davon, diese Muster zu erkennen und ihrerseits wiederum in ein Verhältnis zueinander zu setzen, so dass der Übergang von Interaktion zu Organisation, von Organisation zu Gesellschaft und zurück mit Blick auf die beteiligten Zustände der Körper und Gehirne, soweit man glaubt, sie entziffern zu können, sowohl für den Fluss der Kommunikation als auch das Bewusstsein der Differenz der Systemreferenzen genutzt werden kann.

IV

Zur Einführung in seinen Band zu Fragen der musikalischen Kreativität im Licht der algorithmischen Komposition berichtet der Komponist Gerhard Nierhaus von einem Experiment, das er mit Studierenden immer wieder durchführt und überprüft.[141] Wenn man Menschen bittet, aus den Zahlen 1 bis 3 eine zufällige Reihe von sechs Zahlen zu bilden, werden sie in der Regel eine Reihe bilden, die (a) keine Zahl auslässt und (b) kein offenkundiges Muster bildet. »1, 2, 1,

---

131; ders., *Die Gesellschaft der Gesellschaft*, Frankfurt am Main 1997, S. 378ff.

141 Siehe Gerhard Nierhaus, »Introduction«, in: Ders. (Hg.), *Patterns of Intuition: Musical Creativity in the Light of Algorithmic Composition*, Dordrecht 2015, S. 1-6, hier: S. 1. Ich danke Gerhard Nierhaus für zusätzliche Erläuterungen, Email vom 9. November 2018.

3, 3, 2« ist somit wesentlich wahrscheinlicher als »2, 2, 2, 2, 2, 2« oder »1, 2, 3, 1, 2, 3«, obwohl die beiden letzteren Reihen statistisch ebenso wahrscheinlich sind wie die beiden ersteren. Vielleicht ist das das Gesetz der Intuition. Das intuitive Urteil ist durch das Repertoire an Mustern, das es zu vermeiden versucht, beschränkt und nutzt die Negation aller ihm bekannten Muster, um bislang übersehenen Aspekten zu ihrem möglichen Recht zu verhelfen. Das intuitive Urteil ist damit seinerseits reflexiv. Es gehorcht dem Gesetz der reflexiven, das heißt generellen Negation. Intuitiv präferiert es die Störung gegenüber der Ordnung, unterstellt jedoch der Störung ihre eigene Ordnung.

Welche Muster jeweils vermieden werden müssen, um einem bestimmten Muster des Zufalls zu genügen, ist eine Frage der soziokulturellen Evolution. Hatte man sich in der Antike per Divination auf die Götter verlassen, so ist an deren Stelle heute das sprichwörtliche Bauchgefühl getreten. Waren die Zeichen der Götter lesbar im Kontext einer kosmologischen Ordnung, die ein Schicksal vorschrieb, dem man allenfalls im Vollzug auf die Spur kam, so ist die Rede vom Bauchgefühl ein seltsam halbherziger Versuch, der Einheit der Differenz historisch determinierter, aber orthogonal zueinander stehender kognitiver Prozesse im und am Menschen Rechnung zu tragen. Soziokulturell ist das Bauchgefühl ein Zeichen dafür, dass das Vertrauen in professionelle Expertise und rational begründbare Kompetenzen abnimmt und somit die Aspekte, die von einem intuitiv überzeugenden Urteil berücksichtigt werden sollten, sich nicht mehr auf die vernünftige, gleichwohl mit Katastrophen rechnende Ordnung der Moderne begrenzen lassen. Es muss mit Störungen gerechnet werden, die sich aus einem erweiterten Referenzrahmen ergeben, der ökologische, globale und elektronisch-digitale Effekte einschließt. Die Rede vom Bauchgefühl trifft den Umstand, dass neben dem Intellekt, wie immer verstanden, auch der eigene Organismus und mit diesem Organismus das Gefühl schwer zu benennender Bedrohungen und Hoffnungen eine Rolle spielen, wenn ein Urteil gefunden werden muss. Die Rede vom Bauchgefühl verkennt jedoch, dass es nicht der in seiner Unmittelbarkeit stehende Mensch ist, der der Träger eines intuitiven Urteils ist, sondern die Vermittlung dieses erweiterten Referenzrahmens in der lokal auf den Punkt gebrachten Lebensform innerhalb des Profils eines bestimmten sozialen Systems.

Das Gesetz der Intuition verlangt, dass in einem digitalen Zeitalter, das der Moderne entwachsen ist, Aspekte berücksichtigt werden, die sich mit den Stichworten Instantaneität, Konnektivität, Granularität und Interoperabilität bezeichnen lassen. Es kommt nicht darauf an, dass diese Aspekte verstanden werden, denn damit würden mentale Prozesse überbewertet. Es kommt darauf an, dass sie gelebt und in diesem Sinne kommuniziert werden.[142] Das intuitive Urteil muss sich im Kontext einer

---

[142] Jede Lebensform im Sinne von Ludwig Wittgenstein, »Philosophische Untersuchungen«, in: Ders., *Schriften 1*, Frankfurt am Main 1980, S. 279-544, hier: S. 296ff., ist zugleich eine Kommunikation im

Kommunikation in Lichtgeschwindigkeit (Instantaneität), im Kontext einer Vernetzung heterogener Lebensbereiche (Konnektivität), im Kontext einer neuen Tiefenschärfe der Beobachtung, Registrierung, Protokollierung und Auswerten menschlicher Verhaltensweisen (Granularität) und im Kontext unscharf miteinander verknüpfter Menschen, Maschinen und Situationen (Interoperabilität) bewähren.[143] Musste das intuitive Urteil in der Moderne vor allem das Verhältnis von Funktionalität und Störung beherrschen, so geht es im digitalen Zeitalter um die Beherrschung eines Kalküls der Ungewissheit, das heißt einer Mathematik des Netzwerks, die zwischen heterogenen Netzwerkelementen (Personen, Orte, Geschichten, Praktiken, Konventionen, Organisationen usw.) überraschende Kopplungen und Entkopplungen, Brücken und Löcher, Wechsel und Verschränkungen herstellt.[144] »If it doesn't spread, it's dead,«[145] heißt es in einem Netzwerk, das die Verstär-

---

Sinne von George Herbert Mead, *Geist, Identität und Gesellschaft aus der Sicht des Sozialbehaviorismus*, Frankfurt am Main 1973.

[143] Siehe zu den Stichworten Marshall McLuhan, *Die magischen Kanäle*, Düsseldorf 1968, S. 14ff. (Instantaneität); Eric Schmidt und Jared Cohen, *The New Digital Age: Reshaping the Future of People, Nations and Businesses*, London 2013, (Konnektivität); Kucklick, *Die granulare Gesellschaft*, a.a.O. (Granularität); und John Palfrey und Urs Gasser, *Interop: The Promise and Perils of Highly Interconnected Systems*, New York 2012 (Interoperabilität).

[144] Im Sinne von White, *Identity and Control: A Structural Theory of Action*, a.a.O.; und vgl. Maren Lehmann, »Brücken und Brüche im Netz der Systeme: Ein Versuch über White's ›Ties‹«, in: Dies., *Theorie in Skizzen*, a.a.O., S. 72-97.

[145] So Henry Jenkins, Sam Ford und Joshua Green, *Spreadable Media:*

kung ebenso wie die Gefährdung der Kommunikation sichtbar und erfahrbar macht.

Der intuitive Mensch ist ein Produkt seiner Umstände. In der Intuition wird seine Plastizität nicht konterkariert, sondern auf den Punkt gebracht. Sein Körper und sein Gehirn, Produkt ihrer eigenen Evolution, müssen sich dem fügen und können dem genügen, da nicht der Körper oder das Gehirn das intuitive Urteil trägt, sondern deren Verknüpfung mit Bewusstsein, Technik, Kultur und Gesellschaft, die ihre eigene Evolution in wechselseitiger Abhängigkeit von jener des Organismus durchlaufen haben. Im Moment ist diese Plastizität damit beschäftigt, das Auftreten einer nicht-trivialen, medialen, sich elektronisch selbst steuernden Technologie zu verarbeiten. Das intuitive Urteil stellt sich um und schärft sich neu an den Oberflächen und Schnittstellen weitgehend unsichtbarer Maschinen. Nichts spricht dafür, dass das Urteil dadurch verloren geht. Alles spricht dafür, dass neue Intuitionen ins Spiel kommen. Das gilt umso mehr, als sich zunehmend die Vorstellung verflüchtigt, die künstliche Intelligenz verfahre nach dem Muster einer menschlichen Intelligenz, wie auch immer man diese bestimmen will. Die künstliche Intelligenz erobert sich ihren eigenen Operationsbereich. Und auch dazu braucht der Mensch einen intuitiven Zugang.

Creating Value and Meaning in a Networked Culture, New York, NY 2013, S. 1. Und vgl. Daniel Miller et al., *How the World Changed Social Media*, London 2016.

Ein philosophischer Gedanke

für Dirk Rustemeyer

I

Gibt es so etwas wie *den* philosophischen Gedanken? Die
Philosophie wird die Antwort auf diese Frage verweigern.
Sie ist zuallererst Beweglichkeit im Gedanken selbst. Aber
auch das ist eine Antwort. Ist diese Beweglichkeit, wenn
sie nicht nur sprunghaft assoziiert, sondern über ihr Hin
und Her zurückblickend und vorausblickend selbst Aus-
kunft gibt, eine mögliche Antwort auf die Frage? Ist die
Philosophie deswegen Metaphysik, weil sie nicht nur aus-
schwärmt ins Metaphysische, sondern von dort zurück-
schaut, um die Grenze zwischen Physik und Metaphysik,
Materie und Form, Sinnlichkeit und Sittlichkeit in den Blick
zu nehmen? Ist sie deswegen Logik, weil Position und Negation, Implikation und Kontradiktion, Deduktion, Induktion
und Abduktion Formen der Kontrolle und damit einer spezifischen Ermöglichung der Beweglichkeit von Gedanken,
von Schlussfolgerungen sind? Ist sie deswegen Ethik, weil
sich das moralische Handeln eben nicht von selbst versteht, sondern in seinen Rücksichten, Begründungen und
Absichten beweglich gehalten werden muss? Ist sie deswegen Ästhetik, weil alle Anschauung stumpf bleibt, wenn
sie über die Sinne nicht auch das Denken bewegt? Und
denkt sie deswegen mit Vorliebe das Denken des Den-

kens selbst, weil es eben nicht stillzustellen ist, sondern dem Sein das Seiende, dem Werden das Vergehen, der Gewissheit den Zweifel, der Bestimmung den Übergang und der Zeit den Tod und die Geburt gegenüberstellt?

Worauf zielt die Beweglichkeit im Denken selbst? Ich möchte auf diese Frage im Folgenden keine philosophische, sondern eine soziologische Antwort geben. Diese Antwort zielt auf eine spezifische Praxis der Theorie und auf die Fähigkeit auch der Philosophie, Schulen und Netzwerke zu bilden, in denen Varianten des philosophischen Gedankens in Abgrenzung voneinander gepflegt und weiterentwickelt werden.[146] Diese Antwort zielt auch auf die Fähigkeit der Philosophie, sich so zu organisieren, dass sie ihre eigene Organisation immer wieder unterläuft.[147] Sie misstraut jeder Art von Voraussetzung, auf die sie sich gerade eben noch verlassen hat. Und nicht zuletzt zielt diese Antwort auf eine immer wieder überraschende Nähe der Philosophie zu den Künsten, überraschend deswegen, weil die Arbeit am Begriff und die Arbeit an sinnlichen Formen zunächst nur wenig miteinander zu tun zu haben scheinen, dann aber doch gerade dies miteinander gemeinsam haben, dass von jedem erreichten Punkt aus in einer eigentümlichen Kombination von Freiheit der Wahl

---

[146] Siehe dazu Pierre Bourdieu, *Sozialer Sinn: Kritik der theoretischen Vernunft*, Frankfurt am Main 1987; Randall Collins, *The Sociology of Philosophies: A Global Theory of Intellectual Change*, Cambridge, MA, 1998.

[147] Vgl. Wilhelm Berger und Peter Heintel, *Die Organisation der Philosophen*, Frankfurt am Main 1998.

(»Beliebigkeit«) und verstrickender Konsequenz ein neuer Anfang denkbar ist.[148] In Philosophie und Künsten ist die Bewegung wichtiger als jedes Ergebnis, so sehr man für einen Moment innehalten mag, um sowohl das Werk als auch den Prozess zu bewundern.

Deswegen gibt es im engeren Sinne des Wortes nur einen Typ von philosophischer Forschung, nämlich die Erforschung des philosophischen Zugangs selbst. Die Meister der Philosophie des 20. Jahrhunderts sind Peirce, Husserl und Wittgenstein, weil die Semiotik, die Phänomenologie und die Sprachphilosophie mit dem Zeichen, dem Bewusstsein und dem Satz Gegenstände gefunden haben, deren Erforschung zu keinem sinnvollen Ende kommen kann. Jede Erkenntnis ist selbst wieder Zeichen, Bewusstsein, Satz.

II

Eine soziologische Antwort auf die Frage nach *dem* philosophischen Gedanken verweist zunächst auf die Strukturgleichheit des philosophischen Interesses mit dem Medium Sinn, wie es von Husserl, Schütz und Luhmann

---

[148] Wieviel sie miteinander zu tun haben, zeigt Dirk Rustemeyer, *Diagramme. Dissonante Resonanzen: Kunstsemiotik als Kulturtheorie*, Weilerswist 2009; ders., *Darstellung: Philosophie des Kinos*, Weilerswist 2013. Und siehe Gerhard Schröder, *Die Kunst, anzufangen: Philosophie und Literatur in der frühen Neuzeit*, München 2013.

beschrieben wird.[149] Die Horizontstruktur der Erfahrung, die Differenz der Auffassungsperspektiven sowie die elementare Verweisungsstruktur des Sinns bedeuten philosophisch, dass die Reflexion auf jedes einzelne Sinnmoment weder im Gegenstand noch in den Bedingungen seiner Möglichkeit noch im Gedanken selbst stillzustellen ist. Es geht immer weiter. Selbst die Entscheidung, ob man in die Tiefe, in die Weite oder nach dem Gedanken selbst fragt, ist eine Entscheidung, die zu bedenken ist. Die Philosophie ist die Entdeckung des Mediums Sinns, noch bevor dieses auf den Begriff gebracht worden ist, ganz zu schweigen von den Schwierigkeiten des Medienbegriffs, der immer schon dazu einlud, die vom Gegenstand nicht erschöpften Voraussetzungen des Gegenstands empirisch und nicht transzendental zu denken.[150]

---

[149] Vgl. Edmund Husserl, *Erfahrung und Urteil: Untersuchungen zur Genealogie der Logik*, Hamburg 1972; Alfred Schütz, *Der sinnhafte Aufbau der sozialen Welt: Eine Einleitung in die verstehende Soziologie*, Frankfurt am Main 1972; Niklas Luhmann, »Sinn als Grundbegriff der Soziologie«, in: Jürgen Habermas und Niklas Luhmann, *Theorie der Gesellschaft oder Sozialtechnologie: Was leistet die Systemforschung?* Frankfurt am Main 1971, S. 101-141.

[150] Dass es so etwas wie ein Medium für jede Handlung, jede Bewegung, jedes Erleben im Seienden gibt, notiert bereits Aristoteles, *Über die Seele. Philosophische Schriften in sechs Bänden*, Bd. 6, Hamburg 1995, 419a, unter dem Begriff des *periechon*, des Umgebenden, dank dessen möglich ist, was nur so möglich ist. Thomas von Aquin übersetzt ins Lateinische mithilfe des Wortes »medium«, das zum Platzhalter für jegliche Art göttlichen Beistands wird. Davon musste sich der Medienbegriff emanzipieren, um empirisch gewendet werden zu können. Siehe dazu Leo Spitzer, »Milieu and Ambiance«, in: ders., *Essays in Historical Semantics*, New York 1948,

Aber Philosophie ist nicht einfach kontrollierte Bewegung im Medium des Sinns oder gar Medientheorie, bevor diese von Fritz Heider aus der Taufe gehoben wurde.[151] Philosophie ist keine Reflexion auf die Formen fester Kopplung im Medium lose gekoppelter Elemente. Das wäre wissenschaftliche Forschung und kann man daher den Wissenschaften überlassen, die dieses, ohne über einen Medienbegriff verfügen zu müssen, in Natur-, Geistes-, Sozial- und Kulturwissenschaften immer schon betrieben haben. Funktionales Äquivalent für den Medienbegriff ist in den Wissenschaften der Kausalitätsbegriff, der es entgegen seiner expliziten Intention der Suche nach Ursachen für Wirkungen ermöglicht, eine Fülle möglicher Ursachen gegen eine Fülle möglicher Wirkungen zu profilieren und so den Gegenstand unter der Hand zu medialisieren.[152] Philosophie hat im Gegensatz zu einem eher posi-

---

S. 179-316; und Wolfgang Hagen, »Metaxy: Eine historiosemantische Fussnote zum Medienbegriff«, in: Stefan Münker und Alexander Roesler (Hg.), Was ist ein Medium? Frankfurt am Main 2008, S. 13-29.

[151] Heider, *Ding und Medium*, a.a.O.

[152] Niklas Luhmann, »Das Risiko der Kausalität«, in: ders., *Die Kontrolle von Intransparenz*, a.a.O., S. 46-64, spricht in Anspielung auf Blaise Pascal, *Pensées. Œuvres complètes*, Bd. 2, Paris 2000, S. 608ff., vom doppelten Unendlichkeitshorizont des Kausalitätsbegriffs. Es entbehrt nicht der Ironie, dass die Wiederentdeckung der Kausalität im Medium der Statistik, die Judea Pearl, *Causality: Models, Reasoning, and Inference*, Cambridge 2000; ders., *The Book of Why: The New Science of Cause and Effects*, New York 2018, propagiert, darauf zu zielen scheint, Algorithmen und Roboter ähnliche Erfahrungen der notwendigerweise beobachterabhängigen Konstruktion von Kausalität machen zu lassen.

tivistischen Interesse der Wissenschaften an der Feststellung ihres Gegenstands (und sei es an dessen »selbstorganisierter« Feststellung im Medium der Komplexität) mit den Künsten gemeinsam, dass sie sich für Grenzziehungen im Medium Sinn interessiert. Sie springt gedanklich laufend hin und her, weil sie wissen will, wann und wo und warum und wie und für wen eine Form gleichsam einrastet, eine Grenze gezogen wird, eine Frage, eine Antwort, ein Gegenstand ihren Sinn finden. »Denken« heißt, eine Grenze nicht auf sich beruhen zu lassen. Kaum ist eine Grenze gezogen, wird gefragt, was diese begrenzt und wovon sie abgrenzt, was sie abgrenzt. Philosophie ist Oszillation; und wenn es gut geht, zeigt sie, dass dies auch für ihren Gegenstand gilt.[153]

Aber Philosophie ist nicht einfach Grenzüberschreitung, Grenzbeschreitung und Oszillation. Sie brilliert nicht schon dort, wo sie auflöst, was gerade erst seine Form gefunden hat. Der philosophische Gedanke setzt erst dort ein, wo so etwas wie ein Prinzip der Formwerdung weniger formuliert als vielmehr praktiziert werden kann. Auch den Künsten geht es ja nicht um neue Formen schlechthin, sondern um Verweise, die diese Formen auf Regeln enthalten, nach denen Formen im Alltag zustande kommen. Die Wahrheit sowohl des philosophischen Gedankens als auch der künstlerischen Form liegt in dem, was als Motiv

---

[153] Siehe Dirk Rustemeyer, *Sinnformen: Konstellationen von Sinn, Subjekt, Zeit und Moral*, Hamburg 2001; ders., *Oszillationen: Kultursemiotische Perspektiven*, Würzburg 2006.

der Formwerdung selbst ausgesprochen und gezeigt werden kann. Wahrheit und Motiv erlauben eine Entscheidung über den Sinn des Sinns, der von einem philosophischen Satz und einem künstlerischen Werk im Medium des Ausdrucks beziehungsweise der Wahrnehmung in Anspruch genommen wird.

Die Strukturgleichheit des philosophischen Gedankens wie auch der künstlerischen Form mit dem Medium des Sinns ist das eine. Das andere ist die nicht stillzustellende Suche nach den Bedingungen der Möglichkeit des Sinns, die selbst sinnhaft formuliert und dargestellt werden, aber unter Umständen – genau darauf zielt die Frage – nicht selbst sinnhaft sind.[154]

III

Motiv und Wahrheit sind Kulturtechniken. Sie verweisen auf den Sinn eines Sinns, der in sich auf die sinnhaften ebenso wie nicht-sinnhaften Bedingungen seiner Möglichkeit reflektiert. Die Soziologie identifiziert *den* philosophischen Gedanken (ebenso wie *den* künstlerischen Impuls, aber dem will ich hier nicht weiter nachgehen) genau dort, wo dieses Motiv und diese Wahrheit eine Redundanz enthalten, die auf einen kulturellen Kontext verweist. Diese

---

[154] Siehe dazu grundlegend Maurice Merleau-Ponty, *Sinn und Nicht-Sinn*, München 1994; und Gilles Deleuze, *Logik des Sinns*, Frankfurt am Main 1993.

Redundanz schließt Vielfalt nicht aus, sondern ein, andernfalls verlöre sie ihre Pointe, aber sie unterläuft gleichzeitig jede Annahme, Philosophie sei die Beweglichkeit des Gedankens selbst. Die Philosophie ist diese Beweglichkeit des Gedankens nur im Rahmen einer Limitationalität, die sie der Kultur verdankt, in der sie zuhause ist. Genauer, Philosophie ist Beweglichkeit des Gedankens dort, wo sie die Begrenztheit sowohl konstituiert als auch befragt, die von der Soziologie auf die sie umgebende Kultur zugerechnet wird.

Ich greife mit dieser Überlegung auf eine von Niklas Luhmann eher kursorisch formulierte Idee zurück. Er skizziert eine Kulturtheorie, die Kultur als das Kondensat des Zusammenwirkens aller Kommunikationsmedien, der Sprache, der Verbreitungsmedien und der symbolisch generalisierten Kommunikationsmedien begreift.[155] Dieses »Zusammenwirken« produziert einen Möglichkeitshorizont denkbarer Kommunikation, an dem sich das Handeln und Erleben in einer Gesellschaft orientieren. »Kultur« ist genau das, was diesen Möglichkeitshorizont wiederaufrufbar in jeder sozialen Situation präsent sein und bleiben lässt. Kultiviert ist eine Gesellschaft, die die dafür erforderliche Redundanz der Sinnproduktion mit Augenmaß für den jeweils abweichenden Partikularsinn jeder einzelnen Situation zu pflegen weiß.

---

[155] Luhmann, *Die Gesellschaft der Gesellschaft*, a.a.O., S. 410.

Luhmann geht einen Schritt weiter und formuliert eine Konstitutionstheorie dieser Art von Kultur. Diese Theorie ergänzt den Begriff der Kultur durch den Begriff einer Kulturform. Eine Kultur erhält ihre Form nicht nur aus dem Zusammenwirken aller Kommunikationsmedien, sondern darüber hinaus aus der kooperativen Bewältigung eines maximalen Stresserlebnisses, mit Heiner Mühlmann gesprochen.[156] Dieses Stresserlebnis resultiert aus der Konfrontation aller tradierten Kommunikationsmedien mit einem neuen Medium der Verbreitung von Kommunikation. Der Horizont denkbaren Handelns und Erlebens wird durch die Einführung und Durchsetzung der Kommunikationsmedien Sprache, Schrift, Buchdruck und elektronische Medien gesprengt und die Kultur sucht nach einer Form, die auf ihrer Innenseite redundanten Sinn von einem mitlaufenden neuen »Verweisungsüberschuss von Sinn« auf ihrer Außenseite unterscheidet. Auf diesen Verweisungsüberschuss ist die Gesellschaft strukturell und kulturell nicht vorbereitet. Die Gesellschaft wehrt sich, sie entwickelt Formen der Ablehnung, doch in dem Maße, in dem zunächst deviantes Verhalten dennoch auf diese Medien zugreift und sie in welchen Teilbereichen der Gesellschaft auch immer institutionalisiert werden, setzen sie sich durch und finden sie ihre Verwendung auch in anderen Teilbereichen.

---

[156] Siehe Heiner Mühlmann, *Die Natur der Kulturen: Entwurf einer kulturgenetischen Theorie*, Wien 1996; ders., *MSC, Maximal Stress Cooperation: Die Antriebskraft der Kulturen*, Wien 2005.

Man könnte auch Formen des Stresses untersuchen, die aus dem Auftreten neuer symbolisch generalisierter Kommunikationsmedien wie Geld, Macht, Wahrheit, Liebe, Recht resultieren, es sei denn, dass man diese für Einmalerfindungen hält, die die gesamte Menschheitsgeschichte begleiten und nur unterschiedliche Formen der Ausdifferenzierung erfahren. Aber auch dann müsste eine Kulturtheorie in der Lage sein, redundante Formen des Umgangs mit jenen Dauerirritationen zu beschreiben, die der Gebrauch dieser Kommunikationsmedien für Handeln und Erleben hervorruft und die möglicherweise im Zuge dieser Ausdifferenzierung wechselnde Konjunkturen erfahren. Auf dieses Forschungsprogramm kann ich mich hier nicht einlassen, so sehr außer Frage steht, dass der philosophische Gedanke auch jene Bedingungen der Möglichkeit von Sinn verzeichnet, die im Gebrauch von Macht, Geld, Liebe, Wahrheit, Recht jeweils vorliegen und zu befragen wären.[157]

Luhmann überprüft seine Skizze einer möglichen Kulturtheorie an den beiden Beispielen der Einführung und Durchsetzung der Schrift in der antiken Hochkultur und des Buchdrucks in der modernen Gesellschaft.[158] Beide

---

[157] Georg Simmel hat mit seiner »Philosophie des Geldes« (in: Ders., *Gesamtausgabe*, Bd. 6, Frankfurt am Main 1989) dafür die Blaupause geliefert. Siehe mit Blick auf weitere Medien (beziehungsweise »Grammatiken der Rechtfertigung«) auch Luc Boltanski und Laurent Thévenot, *Über die Rechtfertigung: Eine Soziologie der kritischen Urteilskraft*, Hamburg 2007.

[158] A.a.O., S. 410ff.

Gesellschaftsformen, die stratifizierte Gesellschaft der Antike wie auch die funktional differenzierte Gesellschaft der Moderne, sind ihrerseits das Ergebnis der Bewältigung des Stresses der Einführung und Durchsetzung dieser neuen Verbreitungsmedien. Die Gesellschaft muss eine Strukturform finden, in der die Verteilung des Handelns und Erlebens dieser Medien gesellschaftlich ausgehalten wird.[159] Und sie muss eine Kulturform finden, in der die Redundanz eines kultivierbaren Sinns nachjustiert wird, die vom Auftreten eines neuen Mediums gestört worden ist. Für diese Suche nach einer Kulturform der Gesellschaft ist die Philosophie nicht unbedingt als Theorie, aber doch als Praxis zuständig. Nur sie verfügt über die Beweglichkeit im Gedanken selbst, die die Erschütterung alter Redundanzen spürt und Ideen formulieren kann, die eine neue Redundanz begründen.

Luhmann spielt dies an den beiden Beispielen der Philosophien von Aristoteles und Descartes durch. Aristoteles ist derjenige, der mit seiner Idee des *telos* den Verweisungsüberschuss der Schrift im Verhältnis zur Mündlichkeit in die in sich paradoxe und damit bewegliche Form bannt, dass auch das Grenzenlose eine Grenze hat.[160] Dem Verweisungsüberschuss der Schrift, die Sachver-

---

[159] Das ist hier ebenfalls nicht unser Thema. Siehe jedoch Dirk Baecker, *Studien zur nächsten Gesellschaft*, Frankfurt am Main 2007; ders., *4.0 oder Die Lücke die der Rechner lässt*, a.a.O.

[160] Aristoteles, *Metaphysik: Schriften zur Ersten Philosophie*, Stuttgart 1979, 994 (II. Buch, 2. Abschnitt).

halte begrifflich in den analytischen Fokus rückt, Vergangenheit, Gegenwart und Zukunft zu unterscheiden zwingt und nicht zuletzt die Interaktion unter Anwesenden unterläuft, begegnet Aristoteles mit dem Entwurf einer Kosmologie, in der Psyche, Oikos, Polis und der Kosmos selbst ihren angestammten Platz (*telos*) haben, so sehr diese Plätze durcheinander geraten, verkannt werden und politisch wieder eingebunden werden müssen. Die Auseinandersetzung zwischen Kosmos und Chaos, den beiden gleichermaßen beobachtbaren Zuständen der Welt, wird in der antiken Hochkultur (nicht nur in Griechenland und Rom, sondern überall, wo sich kosmologisches und teleologisches Denken entwickelt) zu *dem* philosophischen Gedanken, der mathematisch, physikalisch, metaphysisch, ethisch, rhetorisch und ästhetisch ausformuliert und fruchtbar gemacht werden kann.

Descartes wiederum ist derjenige, dessen Nachdenken über die bewegliche Selbstreferenz des menschlichen Geistes – nur im »ich denke« findet der Zweifel Gewissheit – sich als geeignet erweist, den Verweisungsüberschuss der Kommunikation im Medium des Buchdrucks in eine Kulturform wiedererkennbaren Sinns zu bannen.[161] Die These ist wohlgemerkt nicht, dass Descartes sich mit Formen der Sinnproduktion im Medium des Buchdrucks auseinandergesetzt hätte. Sondern die strikt soziologische These ist, dass Descartes' Philosophie eine Unruhe

---

[161] Siehe vor allem René Descartes, *Meditationes de Prima Philosophia: Meditationen über die Erste Philosophie*, lt./dt. Stuttgart 1986.

auffängt, die kosmologisch und teleologisch nicht mehr gedacht werden kann. Die Beweglichkeit des Gedankens lässt sich mit der Intuition, es möge an seinem Platz bleiben, was auf seinen Platz gehört, nicht mehr beruhigen. Massenhaftes Lesen ermöglicht das Entstehen eines kritischen Bewusstseins,[162] das sich selbst als bedenkenswert erfährt. Die Unruhe wird nicht nur selbst zum Thema des Gedankens, sondern sie wird darüber hinaus zur wiederum redundanten Form, die es erlaubt, nicht nur das Individuum, sondern auch die Politik, die Wirtschaft, die Liebe, die Kunst, die Wissenschaft, das Recht und sogar die Religion als unruhige Formen der Auseinandersetzung mit sich selbst zu denken.[163] Die Welt wird dynamisiert zur Form der Auseinandersetzung jeder Form mit ihren eigenen Voraussetzungen, die sich dort finden, wo die Innenseite der Form, ihre Selbstreferenz, ohne eine mitlaufende Außenseite, eine Fremdreferenz, nicht zu denken ist.

Motiv und Wahrheit der Philosophie ergeben sich aus der Varietät, die sie herausfordert, und der Redundanz, mit der sie antwortet. Aus der Sicht der Soziologie ist die Philosophie selbst eine Kulturtechnik, die auch da gesellschaftlich verankert ist, wo sie jeder Verankerung, schon gar in der Gesellschaft, misstraut. Die Freiheit der »unte-

---

[162] Nachlesbar bei Michel de Montaigne, *Essais*, Frankfurt am Main 1998, insbesondere: »Apologie für Raymond Sebond«, S. 217-300.

[163] Siehe auch Ralf Konersmann, *Die Unruhe der Welt*, Frankfurt am Main 2015; und bereits Tina Piazzi und Stefan Seydel, *Die Form der Unruhe*, 2 Bde., Hamburg 2009-2010.

ren Fakultät«, wie Kant sie solange nennt, wie die »oberen Fakultäten« der Theologie, der Jurisprudenz und der Medizin unfrei unter der Kontrolle der Regierung stehen,[164] findet dort ihre Grenze, wo sich die Bemühung der Philosophie um Wahrheit im Rahmen dieser redundanten Auseinandersetzung mit einer durch den Kommunikationshorizont der Gesellschaft definierten Varietät abspielen muss. Jede andere Wahrheit wäre nicht erkennbar. Und jedes andere Motiv wäre nicht anschlussfähig.

IV

Ich rechne mit Widerspruch. 2000 Jahre philosophischer Beweglichkeit lassen sich nicht auf den Nenner bestimmter Kulturformen bringen, wenn man dies nicht für jeden Autor prüft. Man müsste Handeln und Erleben der jeweiligen gesellschaftlichen Epoche überprüfen, müsste die »großen« und insofern devianten, nach oben abweichenden Texte der Philosophie in ein Verhältnis zur Alltagssemantik setzen und man müsste nicht zuletzt soziale Situationen durchmustern, die sich so und nicht anders kultivieren lassen.

Darauf muss ich hier verzichten. Mich interessiert die Frage nach dem philosophischen Gedanken aus heuristischen Gründen. Ich wüsste gerne, ob die Philosophie der

---

[164] Immanuel Kant, *Der Streit der Fakultäten. Werke XI*, Frankfurt am Main 1968, A 42.

Gegenwart Anregungen für eine weitere Kulturform enthält, mit der die aktuelle Gesellschaft auf die Einführung und Durchsetzung der elektronischen Medien reagiert. Die elektronischen Medien Telegraf, Telefon, Radio, Kino, Fernsehen, Computer und Internet produzieren einen neuen Verweisungsüberschuss von Sinn, auf den die moderne Buchdruckgesellschaft nicht vorbereitet ist. Es tritt eine neue maximale Stresssituation auf, die nach neuen Formen der gesellschaftlichen Kooperation verlangt. Diese werden in der Praxis der Gesellschaft auf verschiedenen beruflichen Feldern, in Alltag, Familie und Freizeit gefunden und scheinen dazu zu tendieren, die Strukturform der funktionalen Differenzierung durch jene des Netzwerks zu ersetzen.[165] Die These eines erneuten Wechsels der Medienepoche lässt sich jedoch nur bestätigen, wenn auch eine neue Kulturform gefunden wird. Gibt es dafür Anzeichen?

Bleiben wir beim Stichwort der Beweglichkeit des philosophischen Gedankens als Spiegel der Medialität jeder Sinnproduktion in Gesellschaft, so hatten wir es in den bisherigen drei Medienepochen mit der Beweglichkeit der Referenz, des Symbols und der Kritik zu tun. Die Philosophie der Stammesgesellschaft, zu der sich Luhmann in seiner Skizze einer möglichen Kulturtheorie nicht geäußert hat, ist eine Philosophie der Beweglichkeit des Sinns der Worte. Der Philosoph ist Schamane, der den Sinn der Worte beschwört, während er zur Verwirrung aller Beteiligten mit ihm

---

[165] Siehe Manuel Castells, *Der Aufstieg der Netzwerkgesellschaft*, Opladen 2001.

spielt. Die Philosophie der antiken Hochkultur ist eine Philosophie der Beweglichkeit der Symbole, die in der Stammesgesellschaft die Beweglichkeit noch zu bannen hatten, jetzt aber in der Form der Schrift freigesetzt werden. Der Philosoph kommt hier zu sich selbst, indem er vorführt und davor warnt, welche Wirklichkeitseffekte ein Wortgebrauch hat, der die Lizenz der frei beweglichen Zeichen allzu wörtlich, nämlich »sophistisch«, nimmt (so wenig dies zugleich zu vermeiden ist). Und die Philosophie der Moderne ist eine Philosophie der Beweglichkeit der Kritik. Immanuel Kant bringt sie auf den Punkt, indem er für Vernunft, Verstand und Urteilskraft zeigt, wie »unbedingt« diese sich in ihrer eigenen Praxis verlieren könnten, wären sie nicht apriorisch an transzendentale Bedingungen ihrer Möglichkeit gebunden. Da diese transzendentalen Bedingungen, die Regulative von Raum und Zeit, sich letztlich als zuverlässiger erweisen denn jeder Gebrauch von Vernunft, Verstand und Urteilskraft, dürfen letztere sich selbst »fremd«, das heißt zum Rätsel werden, womit die Philosophie im Moment ihrer äußersten Strenge auch sich selbst gegenüber frei wird.[166] Die Unbedingtheit des kategorischen Subjekts, der hypothetischen Reihe und des disjunkten Systems ist die eigentliche Entdeckung der kantschen Philosophie,[167] die jedoch transzendental beruhigt wird, weil Zeit und Raum apriorisch nicht wirklich binden, aber doch eigentümlich erden.

---

[166] Siehe Simon, *Kant: Die fremde Vernunft*, a.a.O.

[167] Siehe Kant, *Kritik der reinen Vernunft*, a.a.O., B 378f.

Als Soziologe fragt man sich, ob die Philosophie je gemerkt hat, welche Falle Kant ihr mit der Ausflucht in die Transzendenz gestellt hat. Jede große Philosophie nach ihm versucht sich an Bedingungen der Möglichkeit, die ihren Status der Zuverlässigkeit gegenüber den Launen der Ideen, Einsichten und Meinungen auch dann behalten sollen, wenn sie zunehmend empirisch gewendet werden. Fichtes Ich, Schlegels Kritik, Hegels Geist, Marx' Praxis, Diltheys Leben, Cassirers Kultur können als ebenso viele Versuche gelesen werden, dieser transzendentalen Bedingungen habhaft zu werden, unterbrochen von Nietzsches und Wittgensteins Weigerung, Moral und Sprache ein ähnliches Schicksal erleiden zu lassen.[168]

Aber deutet sich mit dieser knappen Rekonstruktion der Philosophie als Umgang mit der Beweglichkeit der Referenzen, der Symbole und der Kritik ein Hinweis für die Suche nach einem philosophischen Gedanken an, der der Gesellschaft elektronischer Medien als Entwurf einer passenden Kulturform gewachsen wäre? Welche neue Beweglichkeit kennzeichnet diese neue Medienepoche der Menschheitsgeschichte? Für Luhmann ist diese neue Epoche (die er noch nicht so nennt, obwohl er mit ihr die Moderne an ein Ende kommen sieht) primär durch eine

---

[168] Schließlich sprechen Max Horkheimer und Theodor W. Adorno, *Dialektik der Aufklärung: Philosophische Fragmente*, Frankfurt am Main 1969, S. 132f., das Geheimnis offen aus, es sei die Kulturindustrie, die den kantschen Schematismus als »ersten Dienst am Kunden« betreibe.

Erweiterung der »Kontrollmöglichkeiten im Sinne des Vergleichs von Information mit Gedächtnis« gekennzeichnet.[160] So unscheinbar sich diese Formel liest, so groß ist die Brisanz, die sie birgt. Wenn wir den nicht nur elektronisch, sondern auch sensorisch und motorisch vernetzten und algorithmisch gesteuerten sowie zunehmend lernfähigen Computer in dieser Formel an die Stelle des »Gedächtnisses« setzen und den menschlichen Gebrauch dieses Gedächtnisses an die Stelle von »Information«, erhalten wir die eigentliche Botschaft dieses Satzes, nämlich die Erweiterung der Kontrollmöglichkeiten menschlichen Handelns und Erlebens durch den Computer. Der neue Verweisungsüberschuss im Medium des Sinns ist umso mehr ein Kontrollüberschuss, als jegliche erdenkliche Kommunikation auf Daten beruht, die von Computern gesammelt, aufbereitet, verarbeitet, vernetzt und ausgegeben werden, so verständlich oder unverständlich sie sein mögen.[170]

---

[169] A.a.O., S. 411. Vgl. auch meine Frage, an welchen Autor Luhmann in der Nachfolge von Aristoteles und Descartes wohl gedacht haben könnte, in: Dirk Baecker, »Niklas Luhmann in der Gesellschaft des Computers«, in: *Merkur* 55, Heft 7 (Juli 2001), S. 597-609. Man kann nicht ausschließen, dass er an sich selbst gedacht hat. Siehe zur frühen Auseinandersetzung Luhmanns mit dem Computer auch Niklas Luhmann, *Recht und Automation in der öffentlichen Verwaltung: Eine verwaltungswissenschaftliche Untersuchung*, Berlin 1966.

[170] Für eine Konzentration einer Soziologie der »Digitalisierung« auf Phänomene der Datenverarbeitung wirbt denn auch Roger Häußling, »Daten als Schnittstellen zwischen algorithmischen und sozialen Prozessen. Konzeptuelle Überlegungen zu einer Relationalen Techniksoziologie der Datafizierung in der digitalen Sphäre«, in: *Soziale Welt*, im Erscheinen; siehe außerdem Florian Süssenguth (Hg.), *Die*

Luhmann spekuliert, »dass die Beschleunigung der Kontrolloperationen dasjenige Moment sein wird, auf das die Kultur reagieren muss – und dies dann wohl mit einem Verzicht auf eine Positivwertung zeitlicher Beständigkeit.«[171] Den Verzicht auf die Positivwertung zeitlicher Beständigkeit, man ahnt es, hat die soziologische Systemtheorie bereits vollzogen.[172] Für sie ist der laufende Zerfall komplex temporalisierter Systeme die strukturelle Bedingung dafür, dass Systeme unterschiedlicher Eigendynamik wie Organismus, Gehirn, Psyche, Gesellschaft und Technik überhaupt noch eine Aussicht darauf haben, synchronisiert werden zu können. Nur der Zerfall schafft Platz für einen im Moment koordinierten Neubeginn, der an vorherige Strukturen anknüpfen kann, aber nicht anknüpfen muss. Eben das sind »strukturdeterminierte Systeme«: Systeme, die aus ihrem Zerfall – man kann auch sagen: aus ihrer Selbstmedialisierung – sowohl Strukturen als auch Elemente gewinnen, mit denen man weitermachen kann.

Kann man daraus einen Kandidaten für eine Kulturform der Gesellschaft elektronischer Medien ableiten? Zieht man die postkantianische Geschichte der Philosophie auf der (gescheiterten) Suche nach einem Apriori möglicher Leistungen von Vernunft, Verstand und Urteilskraft mit

---

Gesellschaft der Daten: Über die digitale Transformation der sozialen Ordnung, Bielefeld 2015.

[171] Luhmann, *Die Gesellschaft der Gesellschaft*, a.a.O., S. 412.

[172] Prominent in Luhmann, *Soziale Systeme*, a.a.O., S. 388ff., insbes. S. 394.

dem Auftauchen des Computers als neuer Kontrollinstanz zusammen, bleibt nur die Immanenz der Selbstorganisation als Fluchtpunkt des Nachdenkens über die komplexen Formen der Welt. Alle transzendentalen Bedingungen der Möglichkeit von Vernunft, Verstand und Urteilskraft haben sich als Strukturbedingungen empirischer Phänomene erwiesen, denen man nur mit einer von Dirk Rustemeyer praktizierten Paradoxie der Immanenz auf die Spur kommt, nämlich dem Oszillieren zwischen Struktur und strukturellen Voraussetzungen in einem Medium, das dieser Struktur und diesen Voraussetzungen vorausliegt, weil es zugleich auch von anderen Strukturen genutzt werden kann.[173] Diese triadische Struktur ist die einer immanenten Vernetztheit, die es ermöglicht, Grenzen zu ziehen, die es jedem dieser Phänomene erlaubt, transzendentale Voraussetzungen – systemtheoretisch: ihre Umwelt – zu konstruieren, zu beobachten und zu nutzen.

Die elementare philosophische Form dieses Gedankens ist eine Komplementarität von Wahrnehmung (oder Bewusstsein) und Kommunikation, die den Leib (als Voraussetzung der Wahrnehmung, wenn auch nichtidentisch mit dem Bewusstsein) dafür in Anspruch nimmt, von einem Kontinuum jeglicher Zeichenpraxis reden zu können.[174] Die Annahme dieses Kontinuums sichert der Phi-

---

[173] Siehe erneut Rustemeyer, *Sinnformen* und *Oszillationen*, a.a.O.

[174] So Dirk Rustemeyer, »Philosophie als Kulturreflexion«, in: Dirk Baecker, Matthias Kettner und Dirk Rustemeyer (Hg.), *Über Kultur: Theorie und Praxis der Kulturreflexion*, Bielefeld 2008, S. 69-95. Für

losophie ihre Beweglichkeit. Aber ist sie bereits *der* philosophische Gedanke in seiner der Gesellschaft elektronischer Medien angemessenen Form?

V

Die Philosophie kann den Kontrollüberschuss der elektronischen Medien nur denken, wenn sie den Schritt von der digitalen zur postdigitalen Gesellschaft macht. Die »digitale Gesellschaft« war eine optische Täuschung, die uns glauben machte, menschliche und soziale Leistungen könnten zunehmend und tendenziell restlos durch den Computer automatisiert und ersetzt werden. Die postdigitale Gesellschaft »entdeckt«, dass jeder Computer, jeder Algorithmus, jede Künstliche Intelligenz, soweit sie (noch) nicht mit sich selbst kommunizieren, Schnittstellen zum Organismus, zum Gehirn, zum Bewusstsein, zur Gesellschaft aufweisen müssen, die ihrerseits nicht digital, sondern analog, im Medium der Verschaltung von Widersprüchlichkeit,[175] funktionieren.[176] Die postdigitale Gesell-

---

eine Rekonstruktion der Systemtheorie auf der Grundlage des Zeichenbegriffs und eines existenzialen Verständnisses von Bewusstsein wirbt auch Claus-Artur Scheier, *Luhmanns Schatten. Zur Funktion der Philosophie in der medialen Moderne*, Hamburg 2016.

[175] So die Fassung des Unterschieds von analog und digital bei Watzlawick, Beavin und Jackson, *Menschliche Kommunikation*, a.a.O., S. 62ff.

[176] Das Postdigitale ist ein Begriff der elektronischen Kunst- und Musikszene und bezieht sich auf Nicholas Negroponte, »Beyond Digital«,

schaft ist daher jene, die den Computer mit seinen Begleit-
phänomenen nicht mehr nur als Technologie der Transformation der Gesellschaft begreift, sondern seine Verschaltung mit menschlichen Aktivitäten überdies zum
Anlass nimmt, die Funktionsbedingungen nicht nur des
Computers, sondern auch dieser menschlichen Aktivitäten zu rekonstruieren.

Wie man weiß, hat bereits der Computer nicht nur als
Instrument schneller und vernetzter Datenverarbeitung
fasziniert, sondern zugleich als empirischer Gegenstand
der Erforschung von Mechanismen der Symbolverarbeitung, des logischen Schließens, des Denkens.[177] Es hat
Jahrzehnte gedauert, bis auffiel, dass es kein Kontinuum
des Denkens zwischen dem Menschen und dem Computer gibt. Die Bemühungen um eine künstliche Intelligenz in
den 1960er und 1970er Jahren, die von der Einheit des
Phänomens der Symbolverarbeitung ausgingen, scheiter-
ten und an ihre Stelle trat eine Form der künstlichen Intelligenz, die informationstheoretisch und damit statistisch
begründet ist. Maschinenlernen beruht auf dem Training
von Algorithmen, die die Wahrscheinlichkeit der Urteile,
nach denen sie suchen, aus dem Abgleich von Aufgaben-

in: *Wired* 6, 12 (Dezember 1998).

[177] Siehe Newell und Simon, »Computer Science as Empirical Inquiry«,
a.a.O., S. 113-126; und vgl. John von Neumann, *The Computer and
the Brain*, New Haven, CN 1958; Warren S. McCulloch, *Embodi-
ments of Mind*, Cambridge, MA 1989; und zunehmend kritisch Terry
Winograd und Fernando Flores, *Erkenntnis Maschinen Verstehen:
Zur Neugestaltung von Computersystemen*, Berlin 1989.

stellungen mit einer möglichst großen Menge von Vergleichsdaten gewinnen, in denen diese Aufgabe bereits gelöst wurde.[178] Ironischerweise entdeckte die Neurophysiologie fast zeitgleich die statistischen Grundlagen neuronaler Operationen, die ihrerseits Vorhersagen treffen und aus dem Verhältnis von Bestätigung und Enttäuschung lernen.[179] Und auch Operationen des Bewusstseins und der Gesellschaft kann man informationstheoretisch aus dem Aufbau von Erwartungen aus Erfahrungen sowie dem Lernen und der Lernverweigerung im Umgang mit Enttäuschungen ableiten.[180]

Aber dieses Kontinuum statistischer Operationen in Systemen verschiedenen Typs täuscht. Es täuscht angesichts der Materialität der Medien, in denen hier wie dort die Operationen eingebettet sind und die unterschiedlicher nicht sein könnte. Darauf haben die Beiträge dieses Bandes bereits mehrfach hingewiesen. Organismen operieren im Medium der Irritabilität, Gehirne im Medium der Prädiktion, das Bewusstsein im Medium der Imagination, die Gesellschaft im Medium der doppelten Kontingenz und Technologien im Medium eines zunehmenden Abstands von berechenbarer Kausalität. Der philosophische Gedanke, der

---

[178] Siehe für einen Überblick Domingos, *The Master Algorithm*, a.a.O.

[179] Siehe nur Frith, *Making Up the Mind*, a.a.O.; Jeff Hawkins und Sandra Blakeslee, *On Intelligence: How a New Understanding of the Brain Will Lead to the Creation of Truly Intelligent Machines*, New York 2004.

[180] Siehe Dirk Baecker, *Form und Formen der Kommunikation,* Frankfurt am Main 2005.

als Kulturform der Gesellschaft elektronischer Medien sichtbar wird, ist daher nicht das Kontinuum der Zeichen, in dem sich philosophische Texte selbst dann bewegen, wenn sie sich mit den divergenten Wahrnehmungsphänomenen der Künste auseinandersetzen, und auch nicht das Kontinuum statistischer Kalküle, die die Probleme überspielen, die in unterschiedlichen Systemen jeweils gelöst werden müssen, sondern das Diskontinuum der Systemreferenzen, die von diesen Kontinua vorschnell gleichgeschaltet werden.

Die Brauchbarkeit einer Annahme von Kontinua will ich damit nicht leugnen. Ein Kontinuum welcher Art auch immer erlaubt es, verschiedene Systemreferenzen aus der Sicht *einer* Systemreferenz zusammenzuschalten und ihre Synchronisation unter keinem anderen Aspekt als dem der Wahrscheinlichkeit bestimmter Ereignisse zu beobachten, in Grenzen auch: zu betreiben. Jeder Umgang mit Komplexität muss eine Systemreferenz zugrunde legen, von der aus beobachtet werden kann. Aber das ist wiederum das Geschäft einer Wissenschaft, die es sich sogar leisten kann, bestimmte Systemreferenzen gegenüber anderen zu präferieren und als Biologie jedes Phänomen unter dem Gesichtspunkt des Lebens, als Neurophysiologie unter dem Gesichtspunkt des Gehirns, als Psychologie unter dem Gesichtspunkt des Bewusstseins und als Soziologie unter dem Gesichtspunkt der Gesellschaft zu beobachten.

Aber wir zählen nicht nur bis eins. Der philosophische Gedanke besteht darin, diesseits der Kontinua auf die Komplexität der aufeinander nicht reduzierbaren Systemreferenzen selbst zu verweisen. Nur dieser Gedanke ist einem Kontrollüberschuss der Gesellschaft elektronischer Medien gewachsen, der nicht einseitig den Computer gegenüber allen anderen Systemen privilegiert. Im Medium analoger, also widersprüchlicher Verschaltung haben Organismus, Gehirn, Bewusstsein und Gesellschaft *prinzipiell* – darf man sagen: *apriorisch*? – ihre eigenen Chancen, ihrerseits zu kontrollieren, wie ihnen widerfährt, was sie mit sich machen lassen und welche Initiativen sie starten. Je mehr die Empirie des Designs der Oberflächen elektronischer Medien und digitaler Apparate den Kontrollvektor als Einbahnstraße erscheinen lässt, desto mehr gilt es, am Grundgedanken wechselseitiger Kontrolle festzuhalten und die Übersetzungsleistungen zu betonen, die erbracht sein müssen, wenn inkommensurabel komplexe Phänomene scheinbar nahtlos integriert werden.

Gibt es für diesen philosophischen Gedanken der Komplexität einen prominenten Autor? Vielleicht kann man Michel Serres nennen, der in seinen fünf Bänden über den Götterboten Hermes und vielen Schriften danach mehr als jeder andere dafür getan hat, auf streng informationstheoretischer Basis Linearitäten welcher Art auch immer aufzulösen und an ihre Stelle das Gesetz parasitärer, das heißt ökologischer Kopplung zu setzen.[181]

---

[181] Siehe Michel Serres, *Hermes I bis V*, Berlin 1991-1994; und ders., *Der Parasit*, a.a.O. Vgl. zur Einführung Petra Gehring, »Michel Serres: Gärten, Hochgebirge, Ozeane der Kommunikation«, in: Stephan Möbius und Dirk Quadflieg (Hg.), *Kultur: Theorien der Gegenwart*, Wiesbaden 2006, S. 471-480. Siehe zum Thema Komplexität Edgar

Die Kulturform Komplexität verweist auf die Unmöglichkeit der Kontrolle im Modus ihrer Notwendigkeit. Inkommensurabilitäten integrieren Organismus, Gehirn, Bewusstsein, Gesellschaft und Technik. Und dies immer nur für einen Moment, so erwartbar dessen Wiederholung auch sein mag. Der Fluchtpunkt dieser Form von Integration ist zum einen die Zeit im Modus des laufenden Zerfalls aller systemkonstitutiven Elemente und zum anderen und genau deswegen ein eigentümliches Verständnis von Materie, die als Feld von Spannungen und Verschränkungen, von Restriktionen und Potentialen gedacht wird.[182] Der philosophische Gedanke ist geeigneter als viele andere, den Verweis auf Materialität immer mitzudenken. In der Kulturform der Komplexität wird dies unvermeidbar, weil Überlagerung und Vernetzung den Rückhalt beschreiben, auf den die selbstreferentiellen Operationen der Systeme angewiesen sind, ohne ihn selbst herstellen zu können. Sie lassen diesen Rückhalt passieren, und dies nicht zuletzt

---

Morin, *On Complexity*, Cresskill, NJ 2008; und Paul Cilliers, *Complexity and Postmodernism: Understanding Complex Systems*, London 1998; und zur Ökologie nach wie vor Gregory Bateson, *Ökologie des Geistes: Anthropologische, psychologische, biologische und epistemologische Perspektiven*, Frankfurt am Main 1981.

[182] Siehe etwa Karen Barad, *Agentieller Realismus: Über die Bedeutung materiell-diskursiver Praktiken*, Berlin 2012; dies., *Verschränkungen*, Berlin 2015. Und vgl. Athanasios Karafillidis, »Die Materie der Kybernetik: Über Kommunikation in organisch-mechanischen Verbindungen«, in: *Behemoth: A Journal on Civilisation* 10, 1 (2017), S. 130-153.

im Modus des Zerfalls ihrer Elemente. Aber das bedeutet, dass das paradox Unverfügbare für jedes System dessen Differenz zur Umwelt ist, die es *als Differenz* mithilfe eigener Operationen einerseits herstellt und die es andererseits, als Differenz *zur Umwelt*, nur voraussetzen kann. Auf diesen Schnitt, diesen »agentiellen Cut« (Barad) verweist die Kulturform Komplexität als Redundanzstruktur, die organische, neuronale, psychische, soziale und technische Systeme miteinander gemeinsam haben.

Das Kontinuum des philosophischen Gedankens bewegt die Diskontinua der Welt. Philosoph ist, wer seinen und ihren Gedanken nach Belieben an einem Gegenstand, einer Geschichte, einer Idee, einer Darstellung, einer logischen Figur ansetzen kann, um dann zu zeigen, wie schnell die Beliebigkeit sich in unvermeidbare Verwicklungen auflöst. Philosoph ist, wer sein und ihr Argument dennoch nicht mit der Verwicklung endet, sondern die Beliebigkeit des Anfangs als Moment der Freiheit immer wieder neu zum Tragen bringt.[183] Deswegen kann und darf man die Philosophie auf nichts verpflichten. Sie riskiert sich in dieser Beliebigkeit, praktiziert als Reflexion auf Freiheit, selbst und besteht darin, die Kontrolle nie restlos zu verlieren. Darin, diese Kontrolle immer nur fast zu verlieren, besteht der wichtigste Gegenstand ihrer Re-

---

[183] Das war bereits die philosophische Praxis, die den Gedanken des »anything goes« bei Paul Feyerabend, *Erkenntnis für freie Menschen*, Frankfurt am Main 1980, insbes. S. 97f., informierte.

flexion. Dieser Gegenstand liefert die Folie, die es ihr erlaubt, die Welt Text werden zu lassen.

Wenn ich noch einmal auf die oben, S. 34, entwickelte Form jedes beliebigen Datums, D, zur Einschätzung eines Phänomens X zurückgreifen darf,

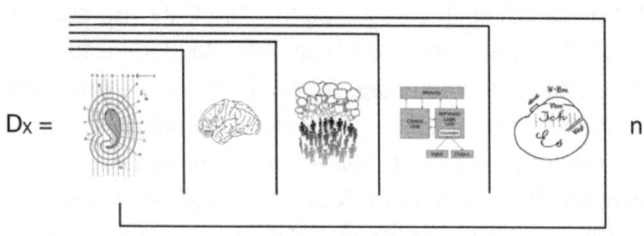

$$D_X = \qquad\qquad\qquad\qquad\qquad n$$

mit = Organismus, irritabel

 = Gehirn, prädiktiv

 = Gesellschaft, doppelt-kontingent

 = Rechner, (nicht-)trivial

 = Bewusstsein, imaginierend

n = unmarked state ,

das hier überdies mit Stichworten zu jeder Variable ergänzt wurde, die den seinerseits laufend ergänzten Forschungsstand zu den gelisteten Systemreferenzen andeuten sollen, dann würde ich sagen, dass der philosophische Gedanke darin besteht, in der Kontinuität seiner Zeichenproduktion die Brüche und Erschütterungen spürbar werden zu lassen, die dieser Gedanke erfährt, wenn er

128

über die Differenz der Systemreferenzen hinweg formuliert. Er muss um diese Systemreferenzen so wenig wissen wie um diese Differenz, doch er muss in der Lage sein, bei jedem Begriff, der die Differenz überspielt, Skrupel zu entwickeln, ob das so geht.

Das unterscheidet den philosophischen Gedanken von jeder Wissenschaft, die sich nur dafür interessiert, ob ein funktionaler Zusammenhang belegt und formuliert werden kann oder nicht, wie auch von den Künsten, die das Inkommensurable an den Formen wahrnehmbar machen:[184] Die Philosophie interessiert sich für Funktionen und Wahrnehmungen nur insofern, als sie eine Begriffsarbeit ermöglichen, die eine Übersetzungsleistung erbringen, ohne die Unmöglichkeit zu leugnen, die damit überspielt wird. Der philosophische Gedanke ist insofern Liebe zum Wissen, als dieses Wissen laufend auf dem Prüfstand steht. Wer spricht in welcher Sprache worüber? Wozu ist diese Sprache ermächtigt? Was maßt sie sich an? Dass man auf jede dieser Fragen eine Antwort findet und dabei die Übersicht nicht verliert, ist Motiv genug für dieses Wissen und bereits dessen entscheidende Wahrheit.

---

[184] Siehe diese Unterscheidung von Philosophie, Wissenschaft und Künsten bei Gilles Deleuze, *Unterhandlungen. 1972–1990*, Frankfurt am Main 1993, S. 178f.

INDEX

Nachweise

Der Titel des vorliegenden Bandes, INTELLIGENZ, KÜNSTLICH UND KOMPLEX, geht auf einen Vortrag zur Eröffnung des Festivals »Politik der Algorithmen: Kunst, Leben, Künstliche Intelligenz« in den Kammerspielen der Stadt München am 11. Juni 2019 zurück.

WIR ZÄHLEN NICHT NUR BIS EINS: KÜNSTLICHE INTELLIGENZ IM KONTEXT, in: Fraunhofer Kompetenzzentrum ÖffentlicheIT, *Ordnung und Unordnung in der Gesellschaft mit Blick auf Religion, Staat und Technologie* (Symposium »(Un)ergründlich: Künstliche Intelligenz als Ordnungsstifterin«, Berlin, 18. Oktober 2018), Berlin, im Erscheinen.

VIRTUELLE INTELLIGENZ, Beitrag zur Tagung *Virtuelle Lebenswelten*, Ruhr Universität Bochum, Bochum, 21. bis 23. Juni 2018, in: Stefan Rieger, Armin Schäfer und Anna Tuschling (Hg.), *Virtuelle Lebenswelten*, Berlin, im Erscheinen.

NEUE WETTEN AUF KOMPLEXITÄT, Erstveröffentlichung, Beitrag zu »Game Yourself«: Ein fluides Eröffnungsdinner & mehr zum Festival Next Level 2018, Düsseldorf, 22. November 2018.

INTUITION IM KONTEXT, in: Philip Kovce und Birger P. Priddat (Hg.), *Selbstverwandlung. Das Ende des Menschen und seine Zukunft: Anthropologische Perspektiven von Digitalisierung und Individualisierung*, Marburg, im Erscheinen.

EIN PHILOSOPHISCHER GEDANKE, Erstveröffentlichung, auszugsweise vorgetragen auf der Konferenz »Übergangsanweisungen: Für Dirk Rustemeyer zum 60. Geburtstag«, Situation Kunst, Bochum, 14.-15. Juni 2019.